U0068033

# 風 再起時

迪比派路　作品集

——— 迪比派路　著

天空數位圖書出版

# 目錄

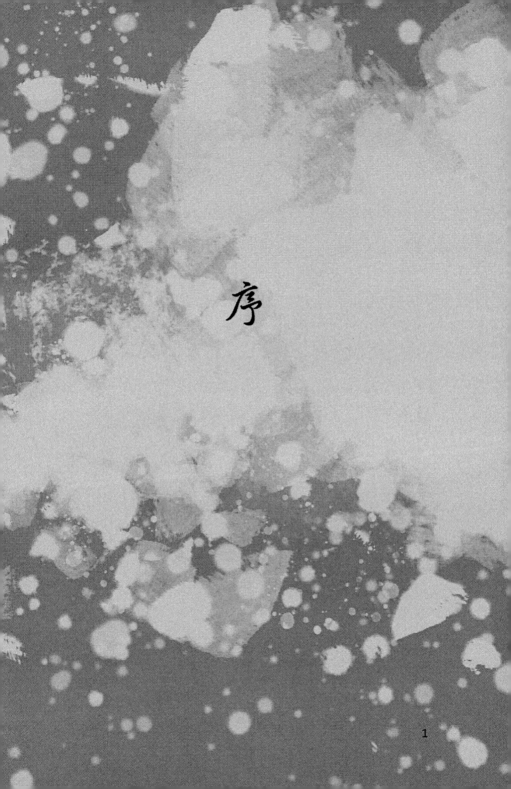

序

## 足球魔術師

做為一位足球全職教練，足球陪伴我的時間已經快半個世紀了。

每天帶著球員訓練，不斷地思考及學習新教案，發掘有潛力的新球員。

足球是我的工作。

我也會跟老隊友一起踢個小比賽，偶爾陪家人看看足球比賽，甚至聊聊國際足壇的大小事，像是Ｃ羅又當英雄·梅西跟內馬爾又吵架了等等。

足球更是我的生活。

我為足球投注了我的心力、時間還有努力，足球也為我帶來了各種人生美好的回憶。

很多時候我都覺得足球就是好像一種語言，甚至比我們所學的各種語言(中文、英文)都來得簡單。只要你看到足球，就算是小朋友，甚至小Baby，他們都會知道要把皮球拿起來，甚至有一種慾望或衝動去踢一下，這一種感覺來得自然，

就好像與生俱來一樣，很奇妙也很親切。足球紀錄了我每一天發生的大小事，組成了人生不同階段，這就是足球迷人的地方。

　　前年的一次受訪機會，認識了一位足球魔術師。他球踢得好不好我不確定，但他很會把每一天發生的足球大小事，巧妙地拼湊起來，變成了很多有趣且讓人回味的故事。真心推薦本書的各章故事，他們或許來自不同的地方、不同時空，全都是這些年來發生在我們的足球世界裡。感謝有人願意紀錄下來成為可以回味的歷史，期待這些讓人感動的故事可以流傳出去，讓更多人喜歡上迷戀上足球運動！

台灣男足代表隊總教練

王家中教練

## 默默工作

十多年前的前同事告知筆者，他將出版一本有關歐美足球的書，希望筆者執筆寫序言。接到消息後不但替他高興，作為他初入行時的第一位同事也有榮焉，從事多年的文字工作者都期望可以出一本書，這個願望他實現了，真是一件可喜可賀的事。

十多年前的年青小伙子，給筆者的印象是性格內向，默默地工作，他負責編寫歐美足球版，每天要應付大量歐美足球資訊，為了完成好每天的新聞，他定必提早一個小時到位然後搜尋大量的資訊，為當天出版報紙提供大量材料，工作態度十分認真可取。

及後我們分別在各自的機構中從事體育傳媒的報道工作，迪比派路繼續專門從事歐美足球的報道，經過多年的積累和學習，他吸收了大量的歐美足球知識，青出於藍，且結集成書，給我們傳遞了很正面的訊息，勤力是有回報的。

　　足球在香港擁有大量的「粉絲」，不管電視台的足球節目和足球書籍，都擁有大量的觀眾和讀者，筆者有幸先睹為快，書中每篇文章對歐美足球都有深度的分析和推介，大大豐富了我的足球知識，相信足球愛好者們會從中得到很大的滿足感。

前香港體育記者協會主席

朱凱勤

# 第十二人

提起「第十二人」，或者有人會想起一齣挪威電影，而在體育世界，第十二人通常是指球類比賽中，球隊的忠實支持者。

在疫情橫掃體壇的日子，大家已經清楚感覺到，球場缺少了第十二人是個甚麼光景，雖然比賽可以進行，但感受卻差得太遠，就連主場威力都大打折扣。

第十二人沒有固定身份，卻有一份共同特質，就是對愛隊的忠誠和不離不棄。贏，就同你君臨天下，輸，就陪你東山再起，雖然會有「責之切」的時候，但始終抱著一份「愛之深」的情懷。

迪比派路可算是一位足球大世界的第十二人。

若非發自一份熱情，很難做到年復年地研究球場以外的天南地北，還要透過鍵盤，在不同平台滔滔議論。同路人大概都知道，在華語世界，有關足球的文字不很受到珍惜，賣不到多少錢，

這或多或少導致足球文化難以孕育，足球史料亦乏人愛惜，有關足球的寫作只是零零落落。

足球世界需要第十二人，不單單站在看台吶喊，更要將熱愛延展。在香港足球處於花果凋零的艱難日子，更需要韌力和堅持。

做個第十二人，毋需計較高矮肥瘦，只要更多人走在一起，人人發點聲音，就會響亮。像迪比派路，他將謝拉特(Gerrard)、迪比亞路(Del Piero)和派路(Pirlo)合成的一個代號，就令人感到幾分熱，而他的作品集是不少心血的結晶。

祝賀《迪比派路作品集》出版，希望可以凝聚更多第十二人。

香港資深球評
李德能

## 再三細味

　　與潘天惠兄結緣於兩年多前一次訪問。期間談到英超足球，發現原來他就是我很喜歡的體育版作者，大家言談甚歡。其後又一起為我中學時代最喜愛的列斯聯升上英超提早吃飯慶祝（潘兄說有狂人教練比爾沙主理，升上英超毫無懸念，果然是對的！）。

　　今次很高興見到他將自己多年寫足球的鴻文結集成書，誠然是一眾讀者的喜訊。潘兄文筆流暢，並且除了對足球有深入認識和獨到見解之外，也博古通今，對歷史、電影、音樂都很有研究。因此在他寫的球評裏，讀者也所以吸收到不少其他的知識。

　　潘兄描繪人物特別有一手，例如寫馬勒當拿的「上帝之手」和人生起跌，就是一篇非常值得細味的文章。

　　祝福出版成功，也期待在未來的日子能夠讀到潘兄更多精彩的球評和球壇風雲人物的故事。

香港靈實司務道寧養院院長

梁智達

# 願華人教練走向世界舞台

　　足球是全世界最受歡迎的運動，在足球世界裏大家的目光固然放在球員。球員就像是一套電影類的演員，觀眾買飛入場自然想看心儀明星的演技。但其實要讓一套電影能夠上演，看看電影播畢後之工作人員名單就知道背後支援的人員比上演的演員還要多。其實專業足球比賽亦有異曲同工之妙，除了上場的球員，背後俱樂部的教練，及技術人員，體能、心理、行政管理人員，市場推廣等等皆缺一不可。除此以外，要讓高規格比賽能夠順利舉行，亦要倚賴整個足球工業內不同崗位的人士共同推廣。

　　華人人口眾多，無論台灣、香港甚至中國大陸，華人仍然未能在世界足球的舞台佔有重要的席位。當然在體能競技上，身體基因先天性的限制和體能絕對是影響成績的重要元素。但足球亦是一個腦袋遊戲，日本的足球已漸漸躋身國際前列水平，足以證明亞洲人(黃種人)不能踢出高水平足球只是偽命題。

　　除了技術層面的差別，華人社會裏足球文化確實難與歐洲、南美甚至日韓相比。就算香港作為第一個籌辦亞洲職業聯賽的城市，但時至今日香港足球的發展仍然停滯不前，原因在此並不多談但要改變就必須從足球文化著手。於兩岸四地中，以往台灣的足球文化遠比其他各地更弱，關注程度總是被籃球或棒球等掩蓋。但隨着資訊發達，台灣能接觸國際足球舞台的機會越趨廣泛，亦看到有不少台灣球員參與海外其他聯賽。要讓更多人認識，甚至愛上足球，實需有賴各傳媒努力報道，每個足球工業的持份者只要在其崗位各走一步，每道微小的變化也能為足球發展獻一分力，從而建立更深厚的足球文化。

　　認識作者迪比派路源於年前的訪問，雖然這本作品集主要對象為台灣讀者，但感謝作者在專訪對本人的深入探討和訪問，讓其他人更清楚了解本人以往的經歷和工作，亦希望本人自身的經歷能感染更多對足球有熱誠的朋友。今次作者將其以往的作品整理再重新編制，於現在實體刊物漸漸式微的年代實屬一大挑戰，但正正因為此等

熱情才能令足球文化發酵及傳播。願一天華人教
練或球員能走在世界頂尖的舞台,讓大家引以為
傲。

香港超級聯賽球隊理文主教練

國際足協及亞洲足協講師

2015 年香港最佳教練培訓工作者獎

2019 年香港青年夢想實踐家

陳曉明

## 迪比派路作品集　序

從小到大，就喜歡寫作，好不好是一回事，有興趣才是重點。年輕時因為愛上旅遊，一度喜歡寫遊記，後來迷上評論足球，就開始寫足球文章了。

直到十多年前重返臺灣發展足球事業，開始在臺灣撰寫足球專欄，文章先後出現在 Yahoo 足球專欄、BANG 潮流雜誌，聯合晚報......等等，甚至乎香港的足球雜誌 Soccerwave 及 Goal.com 都曾經合作過，現在回想起來，寫足球專欄都十多年了。

除了寫專欄外，看足球專欄的資歷就更久了，因為多年前已喜歡看足球雜誌（那年代沒有上網這回事！），高峰期好像同時看五六本，見識過不少前輩的作品，這還沒有算二十一世紀初，香港的報紙出現大量足球文章（當然，包括賭球在內！），當中不乏水平高的好文章。

後來在台灣辦足球雜誌，需要不少人才，在偶然之下，經一位同行介紹而認識了一位年輕、筆走龍蛇的專家，他便是迪比派路，自此便合作了超過十年。

迪比派路的文章非常有深度，評論又有見地，是我所認識的所有足球專欄中的水準最高的一人，所以多年來無間斷與他合作。同時，我也認為妙筆生花的文章，只曾出現在雜誌或網絡平台的話甚為可惜，於是決定為他集結成書，出版一本特集，希望之後有更多人欣賞到他的作品。

出書不難，最痛苦是從幾百篇作品中選出三十多篇迪比派路的文章，不得不忍痛割愛，盡量挑選相對時效性不大的作品，希望通過這本作品集，能夠讓更多的人認識這位高手中之高手。

前臺灣足球球評
傑拉德

## 球場見眾生--見天地、見自己

當初與迪比派路（潘天惠）結緣，是因為一次人物專訪。他筆下的人物，栩栩如生、性格立體，儼如武俠小說的角--平民身上看出江湖俠義、大俠側寫卻現鐵漢柔情。這次他結集過去作品，將球場上的恩怨情仇輯錄成書，回顧球場巨星背後的浪子故事、揭露足球世界背後運作的潛規則，展現作者對足球世界的狂熱同時，又不忘在熱情中保持鎮靜，靜觀球場上的一切眾生。迪比派路筆下的足球世界，如王家衛《一代宗師》的對白所道：「人活這一世，能耐還在其次。有的成了面子，有的成了里子，都是時勢使然。」《迪比派路作品集》寫的是足球，但它骨子裡反映著的，是人在江湖的美麗與哀愁。

《走進陌生的國度--俄羅斯》作者
楊立明

## 讀者的幸福

潘天惠？我雖曾在新聞界工作過 12 年之久，但我不認識這個人。原因我們起碼相差三代，如果以每十年一代計算；另外昔日我也不是跑港聞，自顧跟進自己的投訴個案，同業認識很少，多數只是同系從事新聞工作的師兄弟妹等人。

數月前一個訪問認識了他，那天他訪問我，之後訪問稿見報了，朋友們讀後都說他寫得好，心裡很是欣賞這年青小伙子，編採一身，確是能幹，把我滔滔的談話，化成文字，有條不紊地如實報道，知道甚麼該寫、甚麼可以從缺，很有職業操守。

接獲他邀請為這本書寫序時有點意外，深信他認識有學歷、有地位的人肯定不少，我既已退休，又拋下筆桿多年，真不知怎去把事情做好！再看看他傳給我的文章內容，竟然是我最不熟悉又缺乏興趣的足球，要下筆更是難上加難！

可是為要感謝天惠替我寫了一篇佳作,我是義不容辭要做的。雖然我未能細讀每篇內容,不過我知道該是篇篇佳作,隨便翻看,發覺內容豐富,資料詳盡,可讀性極高!

要完成一篇傑作,何其勞心勞力,真自愧不如!所以曾有朋友建議我把過往認識的演藝朋友的趣聞軼事寫下來結集成書,我都一一婉拒了,因為我覺得做讀者比作者幸福,正如大家有機會讀到《迪比派路作品集》不是很幸福嗎?

潘天惠,高興認識你,繼續努力,多寫好作品!

前香港電台第五台副台長
盧世昌

# 文字資優生

　　說迪比派路（阿呢斯奧），想先說一件小事。「佢有資優生特質。」這可不是我斷言，是一位學者對迪比派路的評語。事緣某年阿呢訪問那位學者，明明約好抵達後先與公關接觸，結果約定時間到了，他未「蒲頭」，公關姐姐空著急，後來驚覺他不知怎地突破大樓保安，原來直接叩門並正與學者進行訪問。訪問結束，該學者從阿呢的言行舉止，言簡意賅作出以上評語。那位學者，是前資優教育學苑院長吳大琪先生。

　　我對這評語並不見怪，迪比派路，本來就是不折不扣的「文字資優生」。

　　資優生得天獨厚，倒是時而人做我唔做。我曾無數次迪比派路一起在報館開編前會，過去十數載也無間斷接觸他的文章。在報館工作，說得多開明也總有規範，大夥兒努力從框框中游走，他卻愛脫離框框、衝擊底線；但凡集思廣益，他時而沉默，時而語不驚人死不休引入新思維；人家說 A 他說 B，當大夥兒講體育，他可以一下子扯到文學、電影，不喜歡的會嘩一聲，喜歡的會

渴慕其鬼才特質；大賽人人撐強隊，他追捧的是安哥拉。

讀他文章，你多數不會找齊 5W1H，若然硬要從傳統新聞寫作角度，每每不合格。文章乍看結構不工整，或甚東拉西扯、天花亂墜，細意咀嚼卻是言之有物，教人豁達開朗。當大夥兒吃力咬文嚼字故作不經意，他筆觸不矯揉造作，是一揮即就的鬼斧神工。既知他愛寫作，又愛看中外電影，難怪行文有豐富的電影感，不到結局不明底蘊。

是曲高和寡嗎？也許只是受眾沒嘗試擴闊自己眼目。區區在體育媒體工作逾廿載，深覺在業界如此一瀉千里，才情噴薄而出者，不會超過三個。

與其說他的文章「出世」，不如說成走快時代一步。正因快人一步，就是現在看其舊作，也總不覺過時。

當你讀過文字資優生的文章，你會深覺，原來體育不止是體育。

藍鑽石（資深傳媒人）

18

# 自序

## 夢想何價

迪比派路自 1993 年看球,對不少總教練大為欣賞和仰慕,但太遙遠的不說了,說了讀者也未必有印象,倒不如談一談上任幾個月就帶領切爾西奪得歐冠的主帥。

48 歲德國籍總教練 Thomas Tuchel,退役前曾代表德國 U18,也為 Augsburg 拿過德國青年組盃賽冠軍,本來是足壇明日之星,但職業生涯卻在 24 歲因嚴重受傷而提早結束,「我只曾在第二三級別聯賽踢球,談不上什麼職業生涯,因為未開始、便結束」,懂得自嘲的人,往往比其他人更有氣量和識見。

為了安撫母親,他能在足球圈內自食其力,曾經一邊修讀商業行政管理,一邊在麵包店打工,結束球員生涯後再獲得經濟學學位,並在酒吧工作兩年半之久。

「我不喜歡喝啤酒或紅酒,但我很享受那份工作。」相比起現在那些「不曾吃人間煙火」的

職業球員和教練，他在酒吧體會到甚麼叫人情世故，如何與陌生人與相處，這些經驗相信比起戰術硬知識，更能在今日的執教之路上大派用場。

Tuchel 從來不會在眾目睽睽下對球員大聲斥喝，喜歡單對單與個別球員面授機宜，又擅長營造融洽氣氛，比方說，季前對抗賽結束後，他會叫落敗的一方唱歌、跳舞。又例如，他不愛拉幫結派，西班牙老將 Marcos Alonso 本賽季表現反彈，當打的英格蘭國腳 Ben Chilwell 也要退居後備，就連在英超沒有號碼的中場 Ross Barkley 也照顧到，告訴他：「保持謙虛，機會總會到來。」

當 Tuchel 感到前路茫茫時，前教練 Ralf Rangnick 主動找上門，「當時我仍然讀書，他游說我嘗試由青年軍教練做起，並願意聘請我擔任斯圖加特青年隊主帥。」如果 Rangnick 是他的伯樂，筆者的伯樂就是傑拉德（霍志明）先生，他是第一個邀請我在正職以外寫作的貴人。

迪比派路自中三開始寫作球評自娛，2005 年入行，想不到有機會出書，相信也是可一不再。純粹的文字工作者，收入不高，從來都在夾縫中

生存，若非真心喜歡寫作，恐怕早已離開這一行。夢想何價？筆者給後來者的建議是，人生有夢，務必要追，但最好先找到一份收入穩定的正職，再把文字工作當成副業、興趣，不然年紀漸長，想轉行就愈來愈艱難。

最後，迪比派路必須衷心感謝給予無數機會的台灣足球至尊球評傑拉德，同時要感謝有份出力的出版社工作人員，更要感激願意花時間、精神幫忙寫序的好友、前輩，排名不分先後包括朱爺、李德能、陳曉明、王家中、藍鑽石、盧世昌、鄧傳鏘、傑拉德、梁智達和楊立明。

100%粉絲說了算
夢想與現實之間

　　十年前，眾籌是一頭「怪物」，儼如馬車仍然主宰道路時，剛出現的汽車被人類視為生人勿近的「猛獸」。其時，一支業餘球隊居然在 24 小時內，籌集到 25 萬鎊巨款，3 個月吸到超過 3.2 萬名註冊會員，他們叫艾比斯費利特聯（Ebbsfleet United，簡稱艾比斯聯），夢想是打造全球首支 100%粉絲說了算的球隊，一度轟動英國球壇，結果⋯⋯

　　2017 年 11 月 15 日，業餘球隊艾比斯聯的新聞，再度風行英國，原因是其後衛 Yado Mambo 的註冊號碼為 18 號，但在比賽上穿錯了 5 號球衣，變相成為一首著名歌曲的歌名 Mambo No5。這支歌由雷鬼音樂人 Lou Bega 主題，他在德國出生，父為烏干達人，母為義大利人，錯版球衣引起網民瘋傳，球隊認為錯有錯著，決定放到網上拍賣，底價 350 鎊，收入會全數捐給慈善基金。這起雞毛蒜皮的小事簡直是艾比斯聯的縮影，他們非常懂得利用網絡宣傳，與球迷建立情感和聯繫。

「2007 年 4 月，眾籌是浩瀚的工程，當時沒有應用程式和社交網站協助，我們只能用電郵宣傳，十傳百、百傳千，直到英國廣播公司( BBC )發現我們、並作出詳細報道，我們才被廣泛認識。」他是 Will Brooks，英國記者兼自由撰稿人，受到足球經理人遊戲《FM》的啟發，從而產生「眾籌收購」的念頭。有趣的是，上世紀七十年代，他在富勒姆的主場，見識過有人拿著大毯子遊走每個角落，接收球迷們投擲下來的硬幣，可說是「現代眾籌」的原形。

# 人人當領隊

Brooks 在律師友人和網頁達人的協助下，將 MyFootballClub 打造成內容豐富而用家為本的網站，短短 3 個月已吸引到 5.3 萬名新增註冊帳戶，讓鍵盤戰士成為主席、總教練，有權批准轉會、選擇隊員，甚至率領球隊衝擊職業聯賽圈子。「我一直刷新 PayPal，差不多每 5 秒鐘便有 3000 至 4000 鎊入帳，感覺有點超現實主義，但我沒有任何目標，也沒預計過可以籌集到多少錢。」

Own the club, pick the team（擁有球隊、你選陣容），宣傳口號簡單而具感染力，「我的球隊」是所有球迷的烏托邦，就像我們總是三言兩語討論愛隊的陣容，批評總教練用人不當，現在有機會讓我們投票選出心目中的球員，熱情球迷一定踴躍參加。「人人當領隊」不再是白日夢，正式開始募集的前 24 小時，25 萬鎊已經進賬，前前後後一個月，眾籌獲得總共 50 萬鎊，Brooks 回憶道：「有十二家球隊老闆邀請我們洽談收購，最終會員選了艾比斯聯。」

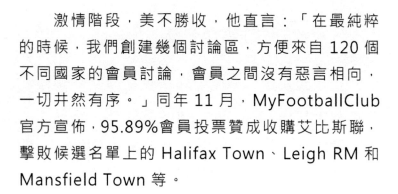

　　激情階段，美不勝收，他直言：「在最純粹的時候，我們創建幾個討論區，方便來自 120 個不同國家的會員討論，會員之間沒有惡言相向，一切井然有序。」同年 11 月，MyFootballClub 官方宣佈，95.89%會員投票贊成收購艾比斯聯，擊敗候選名單上的 Halifax Town、Leigh RM 和 Mansfield Town 等。

　　艾比斯聯位於肯特郡一隅，前身名為 Gravesend & Northfleet，曾效伯明翰城的前愛爾蘭國腳 Liam Daish 以總教練身份，見證了球隊的變化。「又驚又喜，這是一種全新經營模式，我對他們的印象很好，超過 3.2 萬會員真不簡單，我嘗試用開放的態度去接受它。」MyFootballClub 的理念是 100%粉絲說了算，會員有權投票選擇比賽日的正選陣容，豈非直接干預了總教練的權力和義務？然而，夾在夢想與現實之間，最終總教練依然是總教練，很多會員滿心歡喜地排陣，但大多數會員仍願意把自己一票交給 Daish。

27

## 高開低走

　　無巧不成文，艾比斯聯首季被收購，便進軍溫布利大球場，殺入 2007/08 賽季英格蘭總錦標賽王者之戰，更以 1:0 力克 Torquay United，奪得「易主」後首個錦標。球隊在聯賽榜則排名第 11 位，且因資金充裕，軍心更穩，Daish 在之後一個賽季也能留下主力。激情過後，現實開始逆襲，MyFootballClub 努力維繫同會員之間的關鍵，舉辦球員互動、看球活動及網上直播等，可惜仍有 5000 多名會員繳付了 35 鎊後，沒再跟進，參與人數持續下降。

　　「粉絲說了算」被指誇誇其詞，根本無法做到 100%，會員到頭來只能在每週預算、球衣設計及球員去留等發揮手上一票的作用，尤其是青年軍 John Akinde 離隊，接受布里斯托城的 14 萬鎊報價。會員投票說「不」，為何艾比斯聯會放人，Daish 面對群情洶湧，不得不親自回應：「Akinde 本人已表達離隊意願，我們應該接受他的決定。」100%全民投票，難道是講一套、做一

套？艾比斯聯變身後的第 2 個完整賽季，因財政收入減少而不幸降級，一年後依靠附加賽重回第 5 級聯賽，Brooks 意氣闌珊，慢慢淡出，重新聘請員工協助運營，「粉絲說了算」的夢想被現實擊碎？

「當初，計劃確實被理想化，媒體對此吹捧過了頭，但會員對我們收購第 5 級別球隊有點失望，，最後我們每週只有 5000 鎊左右預算，根本無法運營下去，成績走下坡，球迷的熱情也會隨之減退。」Brooks 無奈表示。2012/13 賽季，My Football Club 的會員剩下 1300 人，主帥 Daish 的主要任務變成安撫會員，交代每個決定，更要負責募集資金，又如何專注球場事務？艾比斯聯盡最後努力避免破產，例如，放走被談判的主力、跪求其他球隊收購球員、舉辦不同活動進行募捐等，最後黯然降級了。

## 未忘 10 年情

　　夢想遺憾未圓，2013 年 4 月，My Football Club 會員進行「公投」，通過投票決議把 3 分之 2 的股權轉手給信託公司，餘下 3 分之 1 股權轉給其中一名最大股東。一個月後，科威特財團 KEH 體育公司全面接管艾比斯聯，與 Daish 結束 8 年情。4 年過去，球隊仍然努力掙扎，今年 5 月升級附加賽擊敗 Chelmsford City 後，終於回到第 5 級聯賽，但故事似乎感召了不同國家的球迷，時至今日，很多外國球迷專程前往主場 Stonebridge Road 朝聖，MyFootballClub 目前還在網絡世界「生存」下來，並贊助第 7 級球隊 Slough Town。

　　物是人非，My Football Club 和艾比斯聯各走各路，移居新西蘭的 Brooks 願意打開心扉：「我不承認那是失敗，計劃沒能持續下去，某程度上，因為這個計劃早走了 10 年，若可配合社交媒體，相信當時的會員肯定加以 N 增加。」夢想最終被現實打敗，但他們向全球示範了如何不怕困難，追風逐夢，失敗不可怕，最怕是畏首畏尾，連嘗試的第一步也不敢踏出去。

## 追尋粉絲球會下落

如果說艾比斯聯是開荒牛，那麼，2005 年成立的曼市聯（FC United of Manchester），恐怕就是粉絲揭竿起義的始作俑者，4 年後，利物浦支持者為了抗衡時任腐臭雙主席 Hicks 及 Gillett，萌生自組「新紅軍」的念頭，歷時 6 年籌備，利物浦市聯隊（City of Liverpool FC）正式誕生。

粉絲起義，無非是對抗天下黑壓壓的烏鴉，不然就是為了拯救球隊。十年一覺「天鵝」夢，作為首支征戰英超的威爾斯球隊，斯旺西於 2004/05 賽季仍在英乙掙扎，2011/12 球季登陸頂級聯賽，現任主席 Huw Jenkins 是由球迷信託基金推舉出來，轉眼 15 年。斯旺西信託基金擁有約 21% 股份，入會年費為 10 鎊，想做英超的「微老闆」？她們肯定是明智之選。不過，名義上他們是球迷擁有制，但實際上球迷的投票權是寥寥無幾。

英格蘭第 5 級聯賽球隊車士打（Chester FC），7 年前因資不抵債而壽終正寢，長達 125 年的悠

久歷史不幸地畫上句號。球隊沒有過氣球星,「變身」後連續 3 個賽季升級, 奪過 3 個錦標, 球迷會擁有的私人公司直接擁有話語權, 並以社團形式註冊。更有趣的是, 車士打的主場館 Deva Stadium, 容量超過 5000 人, 位置跨越英格蘭和威爾斯, 目前以 50 年使用權形式租借。每年, 會員付出 12 鎊便可參與其中, 而球隊也會公開出售面額 100 鎊起的債券, 以作集資之用。

## 怪老闆惹人厭

　　英乙球隊埃克塞特（Exeter City FC）的球迷忍無可忍，決定於 2003 年起革命，正式接管球隊，目前在英乙聯賽。他們近年屢與英超隊伍交戰，球迷也許對這個名字不會陌生，前老闆在 2002 年使出怪招，「委任」已故流行曲天王 Michael Jackson 為名譽總監，後來又有董事因欺詐案而入獄，被迫告別職業聯賽。同一年，球迷信託基金入主，年前同巴甲富明尼斯結為合作伙伴，增加號召力，而會員名單就包括天團 Coldplay 成員 Chris Martin、著名歌星 Joss Stone 等。埃克塞特的入會費為 25 鎊，球迷信託基金擁有 53%投票權，「你們」就是大股東。

　　英格蘭第 7 級聯賽球隊利維斯（Lewes FC）建軍超過 130 年,與英超升級馬布萊頓相距僅 10 公里，背靠風光旖旎的英國國家公園，故此，主場館 The Dripping Pan 曾被評為「業餘聯賽最佳主場」。2009/10 賽季，他們瀕臨解散邊緣，6 名本地球迷接過燙手山芋，馬上改為社團形式

註冊，公開讓世界球迷欣賞比賽精華，百分百免費，並以兩性平等作為發展大方向。只要你拿出30 鎊，便可獲得「老闆股權認證」、會員卡及徽章，閣下的大名更可在官網查閱。

曼市聯目前已升到第 6 級聯賽，死對頭不是曼聯，而是美國富豪家族格拉沙。造價 650 萬鎊的新主場館 Broadhurst Park 已啟用，一半成本是球迷自掏腰包集資，可見全球魔迷勢力之龐大，大都是球迷是曼市聯和曼聯的支持者，可說是發展得最完善的「粉絲球會」，不僅經營網上電台，也會在每場提供文字直播，以饗球迷。

# 對抗金元主義

2008 年足總盃冠軍樸茨茅斯，曾經是 Kanu、Kevin—Prince Boateng、Sol Campbell 等球星的東家，2009 年之後經歷 3 次降級，兩次申請破產保護，最終球迷信託基金於 2013 年 4 月接手，耗時年半償還 700 萬鎊欠債，當中是有錢出錢，依靠 2500 名死忠球迷每人貢獻 1000 鎊購買股份。人間有情，不離棄，令人動容，目前由球迷選出來的 3 名董事負責營運。汲取慘痛的教訓，他們為怕騙子再現，任何人都可在網上查閱財政報告，極具透明化，同時允許會員通過網上投票( 需要親臨投放神聖一票 )參與董事局選舉。

英格蘭第 5 級球隊 Wrexham FC 於 1864 年誕生，在現代足球歷史排名第 3，位於威爾斯的主場館 Racecourse Ground ( 馬場球場 )早建於 1807 年，之前用作板球和賽馬之用。2011 年，他們因財困被迫解散，球場奇跡此時出現，粉絲們發動群眾力量，短短 24 小時集資 12.7 萬鎊，留下了球隊的大名，再組成信託基金接管，股東

超過 4100 人，兩年前慢慢轉虧為盈，只需 12 鎊，你都可以做會員。

　　不得不提，英甲的 AFC 溫布頓（AFC Wimbledon），而非米爾頓凱恩斯。2002 年，球迷創建 AFC 溫布頓，舊日的「溫布頓」就搬到 56 英里以外的米爾頓凱恩斯......意思是米爾頓凱恩斯就是溫布頓的前身，AFC 溫布頓則是球迷自組的新軍，身份有點像曼市聯。AFC 溫布頓被英國傳媒稱為「新溫布頓」，因 2013 年購入 Kingsmeadow 主場館，球迷集資 120 萬鎊之多，隨後創下一時無兩的跨季 78 場聯賽不敗紀錄。

（2017 年 12 月）

C羅衝擊三冠王
誓重奪「天子」之位

　　2012 年大航海時代，銀河艦隊炮火狂轟，一路航行，遇神殺神，來到里斯本西行 30 公里，進入大西洋的迷霧範圍，指向歐洲大陸的最西之點，那就是俗稱的「天涯海角」。那位站在母艦最前方的人，俊朗花樣、耀武揚威、霸氣外露，欲破「地上最強」，劍指西甲和歐冠錦標，他就是天之驕子，他就是葡萄牙巨星 C 羅納度〈 Cristiano Ronaldo 〉！

# C羅徹底征服人心

天涯海角的石碑上，寫著大地在此結束，滄海由此開始。傲氣比天高的C羅擅自把句子改了：曼聯〈Manchester United〉在此結束，皇家馬德里〈Real Madrid〉由此開始。3月6日，皇馬慶祝建軍110週年紀念，西班牙《馬卡報》進行球迷調查，選出球隊史上最佳陣容，不出所料，C羅順利入圍，足證他已徹底征服人心。

葡萄牙經濟低迷，國家評級被下調，幸好人民在足球場上找到一份安慰，除了「狂人」主帥穆里尼奧〈Jose Mourinho〉，首屈一指的國民寵兒自然是C羅。皇馬於09年斥資8,000萬鎊，刷新世界轉會費紀錄，由英超豪門曼聯購入C羅。截至3月7日，這位得天獨厚的天之驕子，已經在126場比賽中打進124球，平均進球率達到0.98球，排在球會史上第一位，數據教人目瞪口呆。

C羅本季目前共出戰34場，打入37球〈包括西甲的30球〉，平均數為1.09球，比起阿根

廷球星梅西〈Lionel Messi〉的 1.03 球更高，瑞典鬼才伊布拉希莫維奇〈Zlatan Ibrahimovic〉的 0.89 球自然要靠邊站。2 月下旬的國際熱身賽，波蘭約戰葡萄牙，兵工廠〈Arsenal〉門將什琴斯尼〈Wojciech Szczesny〉坦言，想起面對 C 羅的衝力射球，心驚膽顫，「與他交手肯定很困難，雙腿也在發抖，你很難預測他的射門。」

## 英雄莫問出處

英雄莫問出處，生於大西洋葡屬馬德拉島，小C羅在貧困家庭中掙扎求存，曾遭青年隊隊友嘲笑為「鄉巴佬」，也許當年的恥笑者都料想不到，「鄉巴佬」今天會搖身一變，成為足壇大紅人。無論有多紅，巨星還是童心未泯，「今天走過馬路時，我都會牽著媽媽的手，每星期會送上小禮物；猶記得當年離家投考里斯本，每天致電回家向母親哭著『很想家』。」

前美國總統雷根〈Ronald Reagan〉當選總統前是C羅父親最喜歡的演員，於是當兒子出生後，就在Ronald〈羅納德〉後加了「O」，給兒子命名為「羅納度」。世事難料，巴西「外星人」羅納度〈Ronaldo〉成名較早，所以我們都稱克里斯蒂亞諾為「C羅」；諷刺地，現在我們在網路上搜尋「Ronaldo」的話，最前面的都是C羅，而非羅納度。

除了死忠粉絲外，絕大多數球迷都覺得C羅自恃才貌兼天賦，旁若無人，惟他一直不認自己

41

是帥哥,「我評價自己的外貌是不過不失,或者是
『可愛』那類型吧!」那些年,誰沒有作過明星
夢,但夢想成真的又有幾人?可是,真的成名卻
是另一回事,貴為前世上最高薪資球星的 C 羅,
坦言有苦自己知:「小時後看見球星被粉絲索取簽
名,就會問自己甚麼時候輪到我。但人怕出名豬
怕肥,成名後所承受的壓力不為外人道,有時會
反問自己,最嚮往的生活是甘於平凡抑或做大明
星?」

# 快、狠、準

　　球場上，C 羅可用「快、狠、準」來形容，最重要是其全面性，冠絕地球人，射門、速度、爆發力、力量、腳法、頭球、罰球、傳送、以至感染力和心理素質都幾近完美。快，C 羅的愛車跟他一樣快，今年的生日禮物藍寶堅尼 Aventador LP 價值 100 多萬歐元，最高時速達到每小時 350 公里就像 F1 戰車，從 0 到 100 公里加速只需 2.9 秒；狠，愛情路上，從不拖泥帶水，否則也找不到俄羅斯模特兒女友伊蓮娜〈Irina Shayk〉；準，C 朗曾經在電視上表演，矇著雙眼接應傳中打門，結果一矢中的。

　　六次入圍歐洲足聯最佳陣容、五次入圍國際足聯最佳陣容、兩度當選英格蘭足球先生、兩度當選英格蘭球員先生、英超最佳球員、英超神射手等，C 羅分別效力曼聯和皇馬時期摘下歐洲金靴獎，個人獎盃多得不能盡錄，成就斐然；轉投皇馬之前，葡萄牙翼鋒帶領曼聯贏過 3 次英超、2 次聯賽盃、足總盃和歐冠聯，但率領艦隊僅捧

起西班牙盃桂冠，總是活在梅西之下。既生瑜、何生亮，08 年是 C 羅大豐收的一年，榮膺金球獎和世界足球先生，可是此後都無法超越阿根廷宿敵。

## 人氣高居不下

　　所謂正邪誓不兩立，梅西形象健康，一臉稚氣，彷彿是正義化身的好好先生；女伴換不停的 C 羅，場內經常假摔、投訴，散發著一股邪氣。尋常老百姓喜歡看英雄，但也會對亦正亦邪的人物產生一種特殊的好感，太完美的不喜歡，反而鍾情有點瑕疵，給你看到陰暗面的「正常人」，因此 C 羅的人氣一直高居不下，比起梅西更受廣大群雄的歡迎。

　　一個 C 羅應用程式〈apps〉已經面世，呈現了 100%的 C 羅，同時整合其 Facebook〈4,000萬〉和 Twitter〈700 萬〉的粉絲，你是其中之一嗎？梅西之所以壟斷國際性的頒獎典禮，不得不說或多或少是受益於近年叱吒風雲的巴塞隆納，4 年快將逝去，C 朗有機會掌舵艦隊衝擊雙料冠，甚至乎帶領葡萄牙國家隊爭奪歐洲冠軍，成就難以複製的三冠王重登「天子」之位！

C 羅納度檔案

全名：Cristiano Ronaldo dos Santos Aveiro

年齡：27 歲〈05/02/85〉

身高：1 米 86

國籍：葡萄牙

位置：前鋒/翼鋒

現效球會：皇家馬德里

曾效球會：曼聯、里斯本競技

國家隊紀錄：88 場/32 球

（2012 年 3 月）

一座自由之城的必然
阿賈克斯的前世今生

　　「拐入賀伯瑪堤道，右邊是荒涼的運河，左邊是殘存的紅燈區。除了喝醉的的男性觀眾之外，手挽手的情侶甚至一家大細都會來這兒逛逛。這裡只有三四個廚窗，領有市政府執照的妓女坐著展示自己，前面是一條住宅區街道…這些小細節讓城市脫離了色情感官和理想主義，人們在這裡住上一段時間之後，再奇特的事情也會變得平淡無奇。」出自 Russell Shorto 的著作《阿姆斯特丹：一座自由主義之都》。幾乎顛覆所有傳統智慧的全能足球，發祥地若非在阿姆斯特丹，恐怕也找不到更合適的地方。

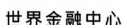

## 世界金融中心

今年歐洲聯賽決賽，青春班阿賈克斯面對英超巨人曼聯，以 0:2 敗北，屈居亞軍，卻是非戰之罪，畢竟雙方實力和財力存在巨大鴻溝，欲重溫 22 年前的歐冠聯美夢，實是天方夜譚。當年，他們異軍突起，一舉殺入決賽，爆出大冷以 1:0 險勝 AC 米蘭，捧紅了一眾新星 Edgar Davids、Patrick Kluivert、Clarence Seedorf、Nwankwo Kanu 等，而 Marc Overmars、Edwin van der Sar、Jari Litmanen 和 Frank de Boer 後來也達到世界級別。

阿賈克斯，或者該稱作阿姆斯特丹足球隊，名字始於希臘的傳奇英雄之後，也被看作荷蘭足球搖籃，甚至是歐洲第一兵工廠。阿姆斯特丹的市郊，一排一排全新的複式公寓矗立在古舊城區旁邊，隱藏著一座低調的體育場。體育場前沿是四四方方而樣子古怪的建築物，最初用途是作為車庫和浴池，之後變成咖啡廳、自行車商店、植物商店、畫廊和研究室，這就是 1928 年誕生的奧林匹克體育場（Olympic Stadium）。

　　談阿賈克斯，不能不由阿姆斯特丹開始，這
是一個經歷大規模重建的城市，除了風景如畫的
運河例外。鋪滿鵝卵石的古色古香街道，多年來
被翻新和重鋪，電車軌道同樣要改頭換面，自行
車道不斷加寬，充分說明前瞻性的城市規劃。然
而，這座世界上第一個金融中心的足球迷是可悲
的，過去的靜謐已經難以體會，荷蘭足球無可避
免走上衰落之路，對阿賈克斯來說更加殘忍，今
天的平庸逐漸掩蓋過去的光輝歲月。

　　阿姆斯特丹本來擁有四家職業球隊，分別是
阿賈克斯、Blauw--Wit、DWS 和 AFC De
Volewijkers，一些老球迷會把迷人的球場稱為
「家」。追溯到上世紀四十年代，這座城市孕育了
一個又一個的足球大師，大膽展現勇往直前的冒
險精神，傳遍世界，阿賈克斯逐漸變成整個城市
的象徵。荷蘭足球進入職業化前，阿賈克斯已建
隊 56 年，贏得 8 次聯賽冠軍及兩次荷蘭盃，成
績不高也不低，後來成為歐洲一流強豪，關鍵之
一是成為全國首家在財政上補貼球員的球隊，造
就他們成為荷甲元年的獎盃持有者。

## 戰勝利物浦

　　追根尋古，阿賈克斯在前 65 年歷史中只有 10 年不是英國或愛爾蘭主帥任教，經歷的 9 位英國總教練分別來自英格蘭、蘇格蘭和愛爾蘭，直至有一個「特別的人」打破壟斷，大膽承諾未來不需要再引進外國專家，他就是 Rinus Michels。

　　阿姆斯特丹土生土長的 Michels，正正在奧林匹克體育場旁成長，一生忠於一家球隊，首秀一鳴驚人，在 1946 年帶領阿賈克斯以 8:3 大勝海牙，獨取五球，更在一年後贏得第一個業餘全國冠軍。球員時代是強壯型前鋒的 Michels 因技術不夠細膩，經常遭到輿論口誅筆伐，憑個人的努力打動人心，1958 年因嚴重受傷身而被迫退役，轉眼 14 載，一直廝守阿賈克斯。退役之後，他很快開始展開執教生涯，最初只是任教規模不大的球隊，例如 JOS 和 DWS，其對空間的控制和應用，有別於當時的足球教練。

　　話分兩頭，荷蘭是不少國土是填海而來，特別重視空間，當地人常提到的概念叫「延展性

（Maakbaarheid）」，說穿了，本質是希望創造出一個物理上的空間，完全由自己控制的環境。阿姆斯特丹是二戰時的悲情城市，猶太人的情感依歸，六十年代開始的全國無政府主義運動，衍生了大批非暴力抗爭者，直到軍隊介入，城面恢復平靜，但平靜中隨處暗湧。

在全球享負盛名的荷蘭足球佼佼者，但六十年代之前稱不上傳統勁旅，甚至沒能一統阿姆斯特丹的天下。AFC DWS 連續贏得荷乙和荷甲錦標，無獨有偶，另一支阿姆斯特丹球隊 Blauw-–Wit 也經過了精采的賽季。相反，阿賈克斯在 1964/65 賽季僅僅比降級區多 3 分而已，最終排名第 9 位，隊史最後一位英格蘭主帥黯然離開。當 Michels 正式回到母隊擔任總教練，歷史的十字路口就是這兒出現，為日後的全攻全守足球打下了基礎。

在首個賽季，Michels 派出只有 17 歲的年輕人完成一線隊處子作，那小子也在處子作上也取得進球。1964 年 11 月 15 日，土生土長的阿姆斯特丹人 Johan Cruyff 披掛上陣。那是阿賈克

斯史上聯賽排名最低的賽季，Cruyff 出場 9 次，踢進 4 球，似乎不太起眼。

　　雙龍出海，威力無窮，師徒合作，連續 3 年把聯賽冠軍收進懷中。1966 年 12 月，阿賈克斯展開第 3 次歐洲賽冒險之旅，第一個被斬的對手就是當時呼風喚雨的英格蘭豪門利物浦。濃霧散去，比賽才能開始，他們意外主場大勝 5:1，總比分以 7:3 晉級，傳奇主帥 Bill Shankly 賽後承認：「利物浦必須向阿賈克斯足球取經。」

## 結盟與破產

一時之間，歐洲應付不了全新的全能足球風格，第一批「苦主」當然是荷甲的對手，阿賈克斯由 1966 至 1970 年拿到 4 次聯賽冠軍，其中兩次狂轟 100 球以上，傳聞曾有敵衛賽前請求主帥：「我可以臨陣退縮嗎？」在歐洲賽場，他們的成績穩步上揚，1967 年打進歐冠盃八強，兩年後獲得亞軍，1971 年如願以償拿到登上歐洲之巔。同一個賽季，Cruyff 當選歐洲足球先生，但師徒首次分道揚鑣，Michels 功成身退，轉到西甲的巴薩尋求新挑戰。

「全能足球之父」奠定了巴薩未來幾 10 年的足球風格，加泰羅尼亞人至今仍然推崇阿賈克斯的特立獨行；1973 年，師徒再續未了緣，巴薩打破世界轉會紀錄收購 Cruyff。這個轉變對整個城市影響無遠弗屆，之後的阿賈克斯一口氣換了 5 位主帥，4 年僅僅拿到一個聯賽冠軍，同時也面對激烈的同城德比，地位受到「兄弟」的挑戰。合久必分，分久必合，同城對手 AFC DWS、

Blauw--Wit 及後來的 AFC de Volewijkers 為了生存與抗衡，完成史無前例的「大結盟」，新球隊的名字叫阿姆斯特丹 FC，主場正正對望著奧林匹克體育場，繼承了 DWS 的荷甲排名。

這邊廂，1972--73 賽季，阿姆斯特丹 FC 的處子賽季表現穩定，偶有佳作，排在聯賽中游位置，之後一個賽季，成功擊潰下沉中的阿賈克斯，獲得荷甲前 5 的佳績，可圈可點，同時進入了歐冠盃賽場。歐冠八強留下了最美風光，阿姆斯特丹 FC 在第二輪擊敗義甲的國際米蘭，表現超出預期，首回合作客險勝 2:1，次回合主場互交白卷晉級，這個夜晚的奧林匹克球場沉醉在瘋狂的喜悅，卻是首次不見了阿賈克斯的蹤影。

好景不常，挑戰者失敗告終，聯盟存在的內部問題難以解決，阿姆斯特丹 FC 在 1978 年黯然降級，4 年後宣佈破產，最終全面解散。1978 年 3 月，恢復元氣的阿賈克斯以 5:1 大勝風雨飄搖的阿姆斯特丹 FC，也是最後一場「英雄內戰」。順帶一提，Blauw--Wit、DWS 和 De Volewijkers

在 2011 年再一次合體，阿姆斯特丹 FC 復活，甘心情願地在業餘聯賽競技。

　　時光再次回到 1974 年的盛夏，Michels 接掌荷蘭國家隊的教鞭後，衝擊世界盃冠軍，全能足球踢出水銀瀉地的流暢風格，十上十下，全攻全守，贏得各路英雄的膜拜。荷蘭隊連勝保加利亞、烏拉圭、阿根廷、前東德和巴西，保持不敗戰績殺進王者之戰，可惜悲劇的命運糾纏不去，以 1:2 輸給前西德，功虧一簣。

## 致富的跳板

或者亞軍也算不上成功，但那支荷蘭隊的國腳從此不一樣，世界盃紛紛轉投歐洲豪門，繼續發光發亮，日後也在不同層面影響到更多人，22 人大軍名單多達 10 人退役成為總教練，當中有 5 人擁有執教國家隊的經驗，也有其他人成為亞洲足球的拓荒者。

來來回回，Michels 在世界盃之後重新回到英雄地阿賈克斯，之後又第 2 次離開，目的地同樣是巴薩，輾轉由北美聯賽歸來歐洲，第 3 次執掌國家隊帥印，在「三劍客」相助之下，終於得到夢寐以求的大賽冠軍──1988 年歐洲國家盃錦標，也是荷蘭至今唯一的大賽錦標。

或許，1995 年歐冠決賽力克當時得令的 AC 米蘭高舉獎盃，一年後新主場館 Amsterdam ArenA 落成，已是阿賈克斯近代史的最後榮光，但 Michels 和 Cruyff 兩師徒給後世的遺產仍在散發餘溫，前曼聯守護神 van der Sar 是球隊的 CEO；前阿森納「小飛俠」Overmars 是技術總

監;「冰人」Dennis Bergkamp 是阿賈克斯的助教;前國際米蘭中場 Aron Winter 是阿賈克斯青年軍教練,Frank de Boer 是前度總教練。

　　毫無疑問,阿賈克斯成為全球化的犧牲品,若非「波斯曼條例」突然出現,95 歐冠陣容被解體時,球隊必可收回可觀的收入,而非眼巴巴看著國外勁旅搶人。可幸的是,阿姆斯特丹無比繁榮,千禧年之後,減稅優惠政策和多元文化包容性,吸引到財力雄厚的企業進駐,奈何阿賈克斯今非昔比,2004 年奪得荷甲後,足足耗時 7 年時間才等到下一個聯賽冠軍,難堪的是 2005 年是最後一次晉級歐冠聯淘汰賽,前一個賽季更在歐聯盃小組賽被淘汰出局。

　　Frank de Boer 接手後曾為阿賈克斯帶來短暫高潮,由 2011 年至 2014 年橫掃 4 連冠,但期間的歐洲賽成績也遜於死敵埃因霍溫,而且,球隊也無法借助連冠而重振聲威,球員始終把阿姆斯特丹當作飛黃騰達的跳板,Luis Suarez、Zlatan Ibrahimovic、Wesley Sneijder、Jan Vertonghen、Rafael van der Vaart 等等,沒有

人甘於一輩子留在這兒。沒有前人，就沒有今天，為了紀念已故名宿，新主場館已決定改名為 Johan Cruyff 球場。或許，今後再不能製造到 Cruyff，也難望「明星畢業生」賣到天文數字，但只有足球，這兒就有希望。只要有阿姆斯特丹，這兒就有阿賈克斯。

（2017 年 8 月）

一部足球先驅的前傳
忘掉天地　明日天地

　　2016 年 10 月 1 日，溫格( Arsene Wenger )慶祝入主阿森納二十周年紀念，人生有幾多個二十年，長壽一點也就是四個而已。來自法國的「教授」把生命中的四分之一貢獻給英超，把兵工廠帶到另一個層次，把足球管理帶到另一個境界。「在勇者眼中，危險就像陽光一樣閃。」希臘悲觀作家 Euripides 似乎道出了他的心聲。

　　別人說，今日的處境就是你過去選擇的總和。生於 1949 年的溫格童年時，在斯特拉斯堡的鄉郊長大，家境小康，毋須為三餐憂心，老父是二戰軍人，尤其重視傳統價值觀。「父母一輩子都努力工作，小時候我已在家人經營的小酒館和汽車維修店幫幫手，天道酬勤是我們相信的東西。可能我同其他小孩子不同，上學和足球我一樣感興趣。」

　　溫格是品學兼優的學生，學校成績往往名列前茅，但非典型書獃子，參與很多課外活動，其中包括考驗腦筋的國際象棋。中小學階段，他藉國際象棋打開了「執迷戰術」的大門，享受設計和佈置，更沉醉在「智取對手」的快樂之中。

年少時，他已經常進場欣賞家鄉球隊斯特拉斯堡的賽事，又會越過國境到德國觀看慕森加柏，而他效力的青年球隊則是趨向德國化的 FC Duttlenheim。這兒也是他第一次充當教練的地方，由於鄉村球隊的規格不高，小溫格在 16 歲時初嘗教球的滋味，既是球員，又是主帥，領導才華由此一點一滴培養出來。

　　特立獨行的溫格在小酒館內，慢慢加深對對足球的理解和認知，因當地播放很多足球比賽，又會與成年人聊球經，並會仔細觀察足球迷的行為特性。「到底球迷喜歡和討厭甚麼，為何會喜歡哪些球員和球隊，我都會銘記在心。」1961 年英格蘭足總盃決賽，熱刺奪冠，11 歲的他已目睹醉酒球迷互毆，但他熱愛欣賞足球，更熱愛觀察欣賞足球的酒客。命運弄人，當溫格接掌阿森納不久，隊長 Tony Adams 就是酒徒，當時正接受初期戒酒治療。教授沒放棄隊長，Adams 耗時 18 個月戒除酒癮，重返事業高峰，兩人敞開心扉，互訴酒的故事。

　　出門遇貴人，溫格時至今日仍對伯樂 Max
Hild 念念不忘，承認他是足球路上的啟蒙老師，
並在六十年代加盟擅長培育小將的地方球隊
Mutzig。Hild 上一次開腔談及徒弟已是 13 年前：
「18 歲的溫格在家鄉踢球時，我在附近另一家球
隊任教，某一個星期三晚上，我們打了一場比賽，
只記得贏了比賽，但對他沒甚印象。」由於 Hild
欣賞這位初生之犢的領袖才華，遂經常一起進出
球場，更會雙雙前往欣賞德甲比賽。「無論比賽抑
或訓練，他都是領導者，隊友自自然然會聽他指
揮，他又會介紹戰術，他的感染力有時比教練更
具分量。」

## 看球學德語

　　出生地斯特拉斯堡的小鄉村其實處於法國和德國交界，他的母語是法語，看德甲比看法甲更有「營養」，於是為了常看德甲而發奮學通德語。當時，慕森加柏是德甲巨人，相當於今日的拜仁慕尼黑，溫格會藉機會向球隊的教練們請教心法，其中一個重中之重的詞語就是——營養學。七十年代五奪德甲的慕森加柏，球員每日進行兩課訓練，同時對飲食非常講究，毫不馬虎，球員每日三餐都要嚴格遵守內部指引。到今天，他仍然禁止球員進食巧克力、樽裝茄汁，更規定必須吃西蘭花。

　　及後，溫格被賣到 Mulhouse，有機會跟隨法國足球界先驅者 Paul Frantz 效力，獲益匪淺，特別是後者重視體能和鍛煉肌肉，其理論深深影響了幾代法國主帥，包括 1998 年世界盃冠軍教練 Aime Jacquet，以及後來的 Roger Lemerre 和 Guy Roux。知識改變命運，正如上文所述，他的學業成績絕對不賴，也沒仿傚當時很多球員輟學踢球的潮流，升上斯特拉斯堡大學修讀政治學

和經濟學，為日後的管理理念打好基礎，也從中
計劃好自己將來要走的路。

　　雖然父母真心希望兒子能夠繼承家業，比別
人奮鬥少幾十年，並把汽車維修店和小酒館做得
有聲有色，但是溫格志不在此，早已萌生更加遠
大的理想。1979 年，他回到斯特拉斯堡的球隊，
小試牛刀，接過預備隊教鞭，足足再花了兩年時
間學習了運動科學，並報考教練證書，準備展開
人生新里程。1981 年，他在巴黎獲頒教練證書，
萬事俱備，只欠東風，意想不到的是扇起東風的
人居然是 Platini。

　　法國一代中場大師 Michel Platini（即前任
歐洲足協主席）的父親 Aldo，看來對溫格賞識有
嘉，遂向南錫進行推薦，結果後者真的拿出教練
合同。他滿心歡喜期待第一次擔任總教練，終於
不用再紙上談兵，有機會實踐執教哲學，但在首
個法甲賽季，球隊沒有任何新增資金，最終成績
也能比上一個賽季上升了 3 位，以第 11 名完成
聯賽。

南錫易帥之後，最大的變化是進攻方面，火力大大強化，總進球數字同排名第四的歐塞爾平起平坐，新式管理和流暢進攻廣獲好評。然而，溫格在第二個賽季依然沒有轉會費買人，唯有從青年軍提升小將上來，把運動科學的知識用到他們身上，又成功說服管理層更新訓練硬件和訓練場地，離開前還修建了綜合運動館，更獨排眾議增加資源給「一個人的部門」——運動醫學研究部。

# 閉關 48 小時

　　由此時開始，他就開始了賽前閉關的習慣，每逢比賽前 48 小時，除非是球隊的公關工作如記者會，否則只會留在家中「備課」，謝絕一切交際應酬。事與願違，他在第二個賽季成績不太理想，南錫降級收場，但卻無阻其他球隊拋出橄欖枝，也就是教授真正嶄露頭角的地方：1987 年的摩納哥。

　　摩納哥是溫格大展所長的球隊，得到夢寐以求的轉會預算，先由 AC 米蘭購入英格蘭名將 Mark Hateley，之後又引入英格蘭中場 Glenn Hoddle。「如 Hoddle 是法國球員，我擔保至少已在國際賽上陣 150 場。」原因是教授從數據分析得到結論，兩人的價值被市場嚴重低估，事實證明均是物超所值的交易。

　　首個賽季，摩納哥一馬平川，把敵人打得落花流水，勇奪聯賽冠軍。防線上的 Battiston、Claude Puel 和 Manuel Amoros，中前線的 Hateley, Hoddle、Youssef Fofana 和 Omar da

Fonseca 等至今為人津津樂道。一年後，教授完成了一筆改變非洲足球命運的交易，簽下了名不經傳的賴比瑞亞中鋒 George Weah。

　　步大力雄、速度驚人、射門強勁的 Weah，用行動證明了非洲大陸擁有數之不盡的寶藏，有力肆虐法甲防線，後來更成為至今唯一一位包辦歐洲、非洲和世界足球先生的偉人。不出所料，摩納哥的打法水銀瀉地，性感足球令人看得眩暈，總進球數字創下隊史新高，粉絲倒甚至憧憬球隊將來有力稱霸歐洲。

# 發掘全球天才

　　溫格是偏執工作迷，同時也是足球狂迷，當年在摩納哥的公寓內，傢俱殘殘舊舊，裝飾品幾乎是零，在講求生活情趣的法國人眼中簡直不可思議，唯獨一台錄影機放在當眼的位置，這就是教授的日常生活「必需品」。慶祝 60 歲生日的活動別開生面，就是在電視頂蓋上擺放兩支蠟燭，欣賞德甲燭光夜餐。

　　冥冥中自有主宰，他在這時候認識了前阿森納副主席 David Dein，兩人成為好友，影響深遠。視野決定高度，教授早已知道自己的未來會在英格蘭，並在 29 歲那年暑假單槍匹馬前去劍橋，把僅僅夠用的半桶水英語勇闖倫敦，逐家查問有沒有包早餐的房間出租，結果皇天不負有心人，終覓到裝修不俗的套房，而女房東是一個英語教師，故此趁機會報讀暑期班，與世界各地的青少年一起學習英語，更滑稽的是，女教師居然是熱刺球迷，肯定連她也沒想不過，自己無意中造就

了死敵無光無亮，若干年更被自己的學生「玩弄於鼓掌之中」。

　　法國足壇九十年代初陷入嚴冬，各隊門票收入大減，財困問題嚴峻，摩納哥的主場聯賽一度跌至 2000 人，這處境也讓教授日後明白居安思危的道理，更明白主帥有責任在經濟問題上出一分力。球隊在 1989/90 賽季獲得季軍，新援 Ramón Díaz 榮膺球隊射手王，亦是收購妙筆之一。這收購是結合了數據分析和球探網絡的力量，溫格把球探的功能發揮到極致，特別是發掘新秀和非主流聯賽的新援，這一招也帶到後來的兵工廠。

## 扭轉摩納哥命數

隨後，溫格再為球隊斬獲法國盃冠軍，引入了金色轟炸機 Jürgen Klinsmann，終在 1994 年離開，首度前往海外接受新挑戰，但已為摩納哥建立了良好的青訓體系（出產了 David Trezeguet、Thierry Henry 等球星）、球探網路和運動醫學部門。在日本執教名古屋八鯨那一年，教授遇上助手 Boro Primorac，日後也成為出生入死的親密戰友。

部份槍手迷常說，溫格不是最好人選，但沒有人比溫格更適合。由於荷蘭球王 Johan Cruyff 婉拒邀請，Dein 遂向好友發出邀請，10 月 1 日正式上任，拉開了一場進攻革命的序幕。 當時英國輿論對教授一無所知，更在頭版質問「誰是 Arsene？」難道是寫漏了一個字母？阿森納（Arsenal）與溫格的名字 Arsene，只差一個字母，似是命中注定的結合，但法國人冷冷回應：「我一輩子不相信巧合。」

踏入第二個十年，溫格被批評過了最佳保質期，只顧謀利，忘了球場，老朽矣？2007 年，Dein

售出全部股份退出朝政，教授獲大股東支持而獨攬大權，地位媲美前曼聯主帥 Alex Ferguson，除非是他自己主動引退，否則其他人難以觸動半根汗毛。

悠悠廿載，他就算忘掉天地，認不出自己，也會認得出兵工廠，由始至終也未忘跟你們的約定。溫格在 20 周年紀念前領軍 1130 場比賽，得勝率為 57%，僅次於二次大戰後任期最長的弗爵爺。離別時，人愈懷舊，反對派日益壯大，但當溫格離開的一天，球迷又會把第二個十年的心碎拋諸腦後，萬般不捨，尤其是敵人的粉絲。

（2017 年 2 月）

下一個澳洲巨賈

——Tim Cahill

在世界盃亞洲區資格賽最後兩輪，對日本及泰國的關鍵戰役中，袋鼠軍團澳洲的大軍名單中，年屆 37 歲的「老炮兒」Tim Cahill 仍然入選，並且都有上陣，總教練 Postecoglou 揚言：「他會是 2018 年世界盃的國腳之一。」球迷知道他是澳洲歷來最優秀的球星之一，但未必知道他已是澳洲的超級富豪之一。

上個賽季澳洲聯賽，Cahill 上陣 22 場，踢進 11 球，寶刀未老。「我們並非預期他要踢滿兩場比賽，但他的影響力無遠弗屆，就算只能踢十多二十分鐘，也會增加球隊的信心。」Postecoglou 解釋選人決定。

在澳洲，最受歡迎的運動依次序為澳洲式足球（類似橄欖球）、木球和橄欖球，足球僅僅排第四，隨著 Harry Kewell 和 Mark Viduka 掛靴，Cahill 已成為足球界的頭號國寶，目前以 48 球保持國家史上的進球紀錄，亦是 2015 年亞洲盃冠軍骨幹，退役時有望榮登史上最偉大澳洲球員首位。事實是他本人充滿商業價值，而他亦懂得營商之道。

Cahill 在澳洲出生，父親是英國人，母親是薩摩亞人，但從未效力過家鄉的球隊，直至去年衣錦榮歸加盟墨爾本城，簽下 400 萬美元年薪的合約。墨爾本城是擁有曼城的阿布扎比財團的「子球隊」之一，財力雄厚，Cahill 回家簽下 3 年合約，職業生涯累積總收入將會成為澳洲足球員之最。

　　其實，他的回歸存在另一層含意，間接促成澳洲聯賽與電視台簽下全新轉播合約，年收入達到 8000 萬美元，足足是舊合約的一倍。「由出道至今，我的肖像權都沒出售給其他人，我知道他的意義，也知道自己想做甚麼。」保留個人肖像權是 Cahill，離開鈔票多多的中超，答應回流的唯一條件。

　　他的商業帝國超乎我們所想。2014 年，Cahill 創建了個人男士衣著品牌 Cahill+，並與墨爾本當地公司結為合作夥伴，產品包括外套、襯衫、內褲和短褲等，零售價由 49.95 美元到 209.95 美元，屬於中高檔路線，價格與 Culture Kings、Myer 等差不多。

風再起時

　　陽剛味濃的 Cahill，形象正面，協助澳洲男士美容和護膚品牌 Vitaman 打進中國市場，因他擁有公司的 10%股份；同時，他也是瓦努阿圖公司 Dynamic Tape 的代言人，看似是風馬牛不相及。這公司是生產保護傷口的膠布，並得到炙手可熱的熱刺中場 Dele Alli 長期使用，而且他也是一所悉尼飯店的親善大使，幾乎每一個角落都見到他的樣子。

　　投資方面，Cahill 採取漁翁撒網的方式，已公開的包括澳洲全穀片餅乾 Weet—Bix、澳洲郵政、新百倫（New Balance）、FOX 體育台和澳洲電視台 Foxtel，還有伊蒂哈德和日產織機，種類林林總總。「給我 10 萬美元，要求我拍攝照片，這些錢很容易賺，但沒有意思，我寧願同某公司簽下 4 年合約，給我一定百分比的收入，我們一起取得增長。」他的眼光比起一般商人更具野心。

　　去年，這位澳洲傳奇人物推出自傳《Legacy》，加上與多名作者合著的兒童書籍，賣個滿堂紅，總共在國內售出逾 10 萬本，堪稱文武雙全。如果由 1998 年米禾爾簽下第一份職業合約起計算，

他早在 17 歲已經懂得賺錢，時至今日，身家超過 3600 萬美元，當中很多隱形資產無法統計( 沒公開持股數量 )。

你要贏到財富，首先不要被財富沖昏頭腦，Cahill 出道至今依然保持一個良好習慣，就是每日都會在下午 2 時當至 5 時打網球，其中保持體能狀態，其二是他熱愛網球，其三是鍛煉恆心。他在足球場上也沒半點偷懶，首個賽季回到家鄉，已經能夠在記者會面前細數其他 9 支球隊的陣式和重心球員，令人佩服得五體投地！

（2017 年 9 月）

女子世界盃光芒四射

劍指「她」的無限機遇

　　四年一度的法國女子世界盃曲終人散，過程
中有激情、有淚花，有世界波、有烏龍球，有個
人技術，有團隊合作。最終美國娘子軍力挫荷蘭，
強勢奪魁，四度封后。人走茶未涼，本屆賽事不
僅被視為最成功的「女子足球盛事」，也可能是改
變女子體壇的分水嶺。單單是收看直播的總數達
到 10 億人次（包括數碼媒體），是 4 年前的一倍，
已可見「女足」的商機無限。

　　美國隊在女子球壇實力超卓，鶴立雞群。追
溯歷史，原來是被一條法例改變了命運。話說
1972 年，美國頒布「第九條」的全新教育修正案，
凡是政府資助的教育機構嚴禁性別歧視，高中和
大學在體育獎學金方面必須男女平等。對男生而
言影響不大，但女生除了籃球和排球之外，最容
易被選中的就是需要 11 人比賽的足球隊。自從
那天開始，全美女足隊的數量就如雨後春筍般增
長，造就了長達數十年的榮景。1971 年整個美國
僅得 28 間高中擁有女子隊（同年，全世界只有 3
個國家擁有女子足球隊），參與人口約 700 人，
到了今天，全美女子註冊球員達 160 萬，佔了全

球一半之多。至於西歐國家的女子足運落後，就跟第一次世界大戰有關。一戰結束，百廢待興，英國政府認為女性的首要角色是相夫教子，在家生育，協助社會重建秩序。1921 年狠狠地對女性頒布長達半世紀的「禁足令」，直接摧毀了女子足運。二戰後，另一強國德國於 1955 至 1970 年同樣禁止女子運動，南美洲的巴西甚至把「禁足令」寫入全國法律，這些都是促成美國女足獨大的前因後果。

蟇然回首，美國隊統治女子世界盃 20 載，往後需要西歐諸國共同努力，尤其擁有悠久歷史的男足豪門。世界經濟論壇發表的全球性別差距指數，收入相對平等的首 15 位之中，其中 9 個國家位於西歐，全歐共有 120 萬註冊女將，歐洲足協推算 5 年後，數字將會上升一倍有多，達 250 萬。人才庫決定國家實力，德國、荷蘭、挪威、瑞典、英格蘭和法國均有超過 10 萬名註冊女子球員，難怪悉數打進本屆世盃八強，絕非偶然。即便 2018 年全球職業女子球員的人數只有 3311

人，較 6 年前激增一倍，但將來的發展空間仍然龐大，看看本屆世界盃便可見一斑。

今年女子世界盃，全世界共有 62 家媒體擁有官方報道權，另有 126 間電視台進行直播，覆蓋全球 206 個國家和地區，多場賽事的收視率創下了多國年度新高。B 組首輪，中國對陣德國裡，直播收視佔當時 8.9%，穩居同時段全國之冠；法國大戰美國，創下法國本年度收視紀錄；英格蘭對美國，創下英國本年度收視紀錄；荷蘭對陣瑞典，則創下荷蘭本年度收視紀錄，收視率在同時段更達到 78.5%，實是意料之外。

今年婦女節，美國女足對美國足協告到聯邦法院，誓要爭取「同工同酬」，目前看來「平權」目標是漫漫長路，但在半世紀前，恐怕也無人想過，目前網球壇四大滿貫的男女子賽事獎金居然可以平起平坐。同一道理，誰能擔保女子世界盃的獎金，會在以後與男子賽事看齊。

今年 7 月 5 日，支付寶為中國女足舉辦了「集氣會」活動，總裁井賢棟宣佈未來 10 年，每年拿出 1 億元人民幣，與中國足協推動女足發展。

支付寶放棄所有商業權益，包括冠名權、贊助商標、場邊廣告等，反而獲得點讚。更重要是資金將會用於國家隊訓練、女足球員傷病保險及退役轉型和教練培訓等，這也是支付寶公益基金會的首個項目，真誠回饋社會。更重要是，亞洲足球小姐王霜上賽季效力巴黎聖日耳曼，表現獲得讚許，射進 8 球，貢獻 10 個助攻，若非為了黨和人民，也不會回去效力武漢女足。

今天一場頂級女子聯賽吸引數萬人進場，已非天方夜譚，女子美職聯辦得有聲有色。現在正等待西歐諸國一同發力，例如上賽季才出現的職業化女子英超聯。國際足聯數據指，英國 18 歲以下女子註冊球員僅得 76,000 人，女性教練只有美國的 10%，女裁判數量是美國的 30 分之 1。而且，英國女生在 11 歲之前接觸足球的，只有 12%，遠低於男生的 98%。簡而言之，當中的差距就是發展空間。上賽季，英格蘭女子頂級聯賽平均年薪為 27,000 鎊，最高薪也不過是 65,000 鎊的 Steph Houghton，女子英超的成敗將左右女子足球的未來。

　　廣告商對女足的重視與日俱增，信用卡公司
Visa 與英格蘭足總簽下新合約時，表明要把贊助
費超過一半，撥給女子國家隊。同時，Nike 似乎
找到新商機，無論廣告片或日常行銷，也不斷在
強調「女生勇於追尋夢想」。而美國隊的主球衣更
打破品牌的單賽季銷售歷史紀錄，肯定會為大企
業的推廣帶來新方向。以本屆賽事為例，同屬
Nike 的美國和荷蘭雙雙殺入決賽後，連同運動內
衣的銷售也隨之上升，可想像當女子體壇大爆發
之時，也是帶動消費新力量向前的衝擊波。常言
道：「女人賺的錢是用來買東西的，男人賺的錢是
用來給女人買東西的。」

數讀女子世界盃：

1. 逾 10 億人次觀看直播；

2. 總進球 146 球，平均每場打進 2.8 球；

3. 全球最多人收看的比賽巴西對法國，接近 5,900 萬人收看；

4. 其中 3 場比賽分別打破英國、英國和荷蘭的上半年收視紀錄；

5. 巴西球星 Marta 以 17 球打破世界盃進球紀錄，前紀錄保持者是德國男足中鋒 Miroslav Klose；

6. 本屆總獎金達 3,000 萬美元，等於上屆的一倍；

7. 本屆賽事在社交媒體吸引到逾 4.3 億人次瀏覽；

8. 美國球星 Alex Morgan 在 Instagram 有 800 萬粉絲，Twitter 和 Facebook 合共有 730 萬粉絲；

9. 總進場人數為 116 萬，未能打破上屆的 135
   萬紀錄。

（2019 年 12 月）

巴基斯坦錯過的 10 年契機

　　巴基斯坦（Pakistan）不是巴勒斯坦（Palestine），前者的面積接近 80 萬平方公里，被印度、伊朗和阿富汗包圍，雖然是 1954 年亞洲足聯始創成員，但全國最受歡迎的運動依然是板球；巴勒斯坦的國界相對模糊，約 6200 平方公里，多年來與以色列就主權問題僵持不下，至 2012 年 11 月獲聯合國升格為「非會員觀察國」。然而，2019 年亞洲盃資格賽結束，進軍決賽圈的不是巴基斯坦，而是巴勒斯坦，再次證明學無前後，達者為先。

　　巴基斯坦足運的發展遠遠滯後，全國最受歡迎的運動項目順序為板球、曲棍球和壁球，哪怕新世代對足球甚有熱情，無奈當地媒體對足球的報道寥寥可數，草根足球的設施嚴重不足，缺乏土壤的情況下，種子再多，也難結出果實。

　　時光荏苒，由 2003 年說起，當地資深政客 Makhdoom Syed Faisal Saleh Hayat 成功連任巴基斯坦足協主席。4 年間，全國足球超級聯賽成立，之後是 U23 國家隊勇奪 2004 年及 2006 年南亞運動會足球金牌，前景似乎一片光明。為

了進一步提升國際賽戰績，足協開始接觸流徒外地的巴基斯坦人，名氣最大的富勒姆 Zesh Rehman 和前曼聯青年軍 Adnan Ahmed。2007年，巴國足協在英國舉辦試訓，目的就是招募有心有力的移民後裔小鮮肉，冀能壯大國家隊的兵庫。

巴基斯坦足協設立了正式的總部，但國家隊依舊沒有專用場地，更沒有官方訓練基地。過往多數主場比賽，都在拉合爾的旁遮普體育場舉行(足協總部旁的球場)，但每次使用都並且必須得到省政府許可，自然受到諸多限制。拉合爾是全國第 2 大城市，可惜這個球場僅僅吸引到 1000 名左右的觀眾，反而在港口城市 Karachi 的人民足球場，卻能吸引眾多工廠工人的足球迷觀看。

多年來，足協管理和行政混亂，無論是一線隊抑或青年隊，教練團都是換個不停，有時候也要兼顧完全不同的賽事，加上 Hayat 重視亞洲足聯 U19 及 U23 青少年賽事多於一線隊，故此國家隊可以全年沒有比賽，間接導致世界排名停滯不前，令人啼笑皆非。隨後，巴基斯坦足球出現

第一個轉機，足協從巴林足協免費招請專業教練
Salman Sharida 任教，為期一年，終在 2006 年
看到一絲曙光。

那一年，巴基斯坦頻頻比賽，約戰亞洲排名
較低的球隊，希望為 2007 年亞洲盃資格賽作好
準備，哪怕最終面對與阿拉伯聯合大公國、阿曼
及約旦全軍盡墨，這是意料之內的成績。值得一
提，作客阿拉伯聯合大公國的最後一仗，他們幾
乎爆冷，憑右邊衛 Naveed Akram 的個人表演和
老將 Tanveer Ahmed 的進球，兩度領先，奈何
阿拉伯聯合大公國實力較高，最終險勝 3:2。

輸了，不重要，陣中多名球員是 U23 主力，
連場資格賽的真正目標，其實是為了備戰之後的
杜哈亞運會，也就是 Sharida 離任前的最後一項
主要賽事。巴基斯坦把良好狀態帶到亞運會，面
對藍武士日本也不落下風，惜敗 2:3，再以 0:1 不
敵朝鮮，最後以 0:2 負於敘利亞，但整體演出已
獲傳媒和球迷讚不絕口。

2007 年上半年，巴國改由本地教練掌舵，沿
用 Sharida 麾下的骨幹，準備奧運資格賽，2 月

份作客爆冷以 2:1 擊敗新加坡，更在空無一人的旁遮普體育場勝 3:2，總計 5:3 晉級。可是，他們晉級小組賽後，馬上打回原形，對巴林、卡達及科威特的 6 場全敗，兵敗如山，失掉 27 球，這幾年的努力彷彿完全白費。

2010 年世界盃資格賽來了，面前的勁敵是亞洲冠軍伊拉克，開賽前兩個月國家隊才獲新帥 Akhtar Mohiuddin 接手，基本上也是沿用 Sharida 的陣容，並加入外流兵 Rehman、Ahmed 等，還有大學化學教授 Amjad Iqbal，而一號門將是現役軍人 Jaffar Khan。可笑的是，Khan 要執行任務，被迫缺陣，教練只能在英國找來清真食品外賣工人 Iltaf Ahmed，後來再徵召一名海軍作替補，可見國家隊沒有任何章法可言。更甚的是，同年 10 月 22 日主場出擊前，足協以資金不足為由，拒絕安排任何熱身賽，國腳們集訓不到 30 日，便要穿起巴基斯坦戰衣上場。

那支伊拉克被視為史上最強，也是晉級熱門，加上時任主帥是挪威教練 Egil Olsen，故此連挪威電視台也決定直播，令巴基斯坦球迷驚喜不已。

結果在 2500 名球迷打氣之下，巴國擺出罕見的 5-4-1 陣式，以 0:7 慘遭大屠殺，更撲朔迷離的是，至少兩名球員被安排在平日不太熟悉的位置，令人摸不著頭腦。

伊拉克首回合大勝，晉級甚囂塵上，次回合安排在敘利亞舉行，為免大敗重演，足協臨時插手干預，阻止新帥「亂點鴛鴦譜」，陣容也改為 4-4-2。8000 人入場，巴基斯坦將士用命，守住清白之身，爆出世紀冷門，居然能夠打和伊拉克 0:0，身在敘利亞的同胞向國家隊致敬，原來這場比賽被視為巴基斯坦足球的轉捩點，但十年過去，混沌的狀態始終如一。

2011 年，Hayat 再次連任巴基斯坦足協主席，並躋身亞洲足聯執行委員會，之後是派系對壘，內鬥到 2015 年，甚至弄得對簿公堂。2015 年，國際足聯決定就足協內鬥事件作出懲罰，禁止巴基斯坦參加男足、女足的所有賽事，連國內聯賽也被迫叫停，Hayat 宣稱足協被到政府插手干預，連對銀行帳戶也被凍結，憤然離開足協，隨後世界排名跌到 200 位之後，最後一次比賽是在 2015 月 3 月以 1:3 負於葉門。FIFA 花了兩年

時間調查，2017 年 10 月宣佈制裁巴基斯坦足協，指 Hayat 非法出售世界盃門票圖利，並涉及貪腐行為，非法挪用資金等，令人不勝欷歔。

十年人事幾番新，當年的「世紀和局」的國腳們，今日身在何方呢？此後，Rehman 再也沒有回國比賽，退役前曾效力香港、馬來西亞球隊；Ahmed 繼續在英格蘭低級別聯賽打滾，之後到過匈牙利、伊朗聯賽，並成為一名足球教練；化學教授 Iqbal 斷了兩次腳，數年前告別球場；Essa 於 2009 年南亞錦標賽途中退出國家隊，目前是球員兼教練，經營一支足球隊，也有所足球學校。

Tanveer Ahmed 數年後掛靴，在父母任職的水電署成立足球隊，並擔任教練，把興趣化為工作；Azeem Razwan 去了美國的大學踢球，夢想很快幻滅，完全離開球圈；Adam Karim 經營的生意愈來愈忙碌，之後決定從商，目前在英國曼徹斯特附近擁有幾家高檔餐廳；業餘門將 Iltaf Ahmed 於 2008 年之後，便無復當年勇，相信同訓練時間不足有關。那麼，總教練 Akhtar 又如何？

　　他在 2008 年南亞錦標賽仍是主帥，之後因成績慘不忍睹，再次下課。2010 年亞運會，Akhtar 離奇地再被委任，並因當年的商業贊助驅使下，得到托特納姆熱刺名宿 Graham Roberts 入主成為顧問。諷刺地，這位教練仍是特立獨行，對 Roberts 給予的顧問報告，一直採取不聞不問的態度，於是兩人不歡而散，足協「再三」辭退 Akhtar。機會飛走了，便不再回來，隨著故事告一段落，巴基斯坦足球再次「無人問津」，值得其他足球小國引以為戒。

（2018 年 5 月）

# 巴薩簽下球王的來龍去脈

　　看球王，有今生，沒來世！任何紀錄在梅西腳下，根本不值一提，本年 10 月面對拉科魯尼亞時，正式成為西甲史上射手王，後來歐冠聯面對曼城踢進為巴薩的第 464 球，在 29 歲之年已經拋離隊史進球王 Cesar Rodriguez 足足一倍，令人汗顏。很多人沒機會親眼目睹 Pele、Johan Cruyff、Franz Beckenbauer 甚至 Diego Maradona 等殿堂球星的絕世球技，但能夠有幸見證到梅西在世，作為真正的足球迷，實在夫復何求，如願足矣。其實，你們又知不知道巴薩當初如何經歷波譎雲詭的情節，簽下了舉世無雙的阿根廷球王呢？

　　2000 年 9 月 18 日，一個平凡不過的日子，梅西從阿根廷家鄉羅沙里奧出發，經過 24 小時長征，抵達西班牙巴薩隆拿，也是小男孩人生第一次出國，第一次到訪西班牙。但，他的目的地不是旅遊名勝和五星飯店，而是在當日晚上 6 時，與同齡的小孩子一起參與測試。

　　瘦骨嶙峋的梅西排在人龍的最後面，從遠處幾乎看不到他，視線剛剛看到同期隊友 Gerard

Pique 的肚皮。「我們以為他來當我們的晚餐，但當他觸球之後，所有人都嚇呆了，我們根本不可能從他腳下搶回皮球。」Marc Pedraza 也是 1987 出生的巴薩青訓產品，憶述當日的片段。那天是 17 個月特訓的序幕。

## 9 歲開始表演生涯

　　假如，16 年前的社交網絡像今天般蓬勃，巴薩根本不可能得到他；又假如，收購青年球員的規則已被修改的話，梅西根本沒機會來到歐洲球會接受治療。話說南美著名經理人 Minguella 於 2000 年 2 月收到一段短片，片段日後被剪成某某信用卡品牌的廣告，主角就是小跳蚤。對了，一時間忘了交代 Minguella 的背景，他是南美洲的 Jorge Mendes，曾為巴薩引入 Maradona、Romario 和 Rivaldo，他看過短片已認定超級巨星已經降生。

　　事實上，梅西是羅沙里奧是小紅人，年僅 9 歲已被當地報章用一整版報道，曾有一段時間，他在著名阿甲球會紐維爾老男孩的比賽前進行表演項目，全場球迷看他用足球「玩馬戲」15 分鐘，喜歡他的球迷，隨便向他投擲硬幣獎賞。起初，Minguella 不放心 13 歲的小男生隻身離鄉別井，掙扎多時，還是決定親自推薦給巴薩體育總監

Carles Rexach，並自掏腰包購買兩張機票，送梅西父子前去西班牙。

　　機票，結果固然沒白花。首次見到梅西，服務巴薩長達 15 年的後衛 Migueli 已跟忍不住讚嘆：「這小子太像 Maradona，除非不給他皮球，不然他可以憑一己之力征服球場，就算是成年人，壓根兒也預測不到他的盤球方向，就像 Maradona 當年擁有的『上帝視角』。」喜歡他的很多，反對他的亦不少，部份反對聲音是簽下梅西形同賭博，13 歲的青少年卻長得像 8、9 歲的「侏儒」，其中一個反對者是時任青訓主管 Rife。

　　巴薩青訓擁有資源，但 Rife 害怕立下不良的先例，破壞了前人定下來的選秀規定。日子一天天過去，梅西父子坐立不安，心情矛盾，遲遲沒收到回音，遂決定延遲歸國的日期，等待 Rexach 由雪梨奧運返回西班牙後再作決定。

## 來來回回

　　遇上別人的冷眼和刁難，先要保持鎮定，心情坦然，別動氣，否則奸人便會得逞。10 月 2 日，巴薩安排一場練習賽，場上全部是 1985 年出生的青年軍，唯獨小兩歲的梅西例外，其迷你身材在球場上顯得更加「微乎其微」，多名官員在場觀戰，體育總監 Rexach 則姍姍來遲，而且遲到早退，逗留了 10 分鐘便匆匆離開。

　　「我來晚了不重要，梅西很快進球了，我走到教練席，然後說『你們可簽他，他是獨一無二』。」Rexach 表達了清晰的立場，但球隊依舊按兵不動，梅西父子翌日苦等消息，電話一直沒響過，君子不立危牆下，唯有先行折回阿根廷。那年夏天太平靜，平靜得有點不對勁。義甲勁旅 AC 米蘭從紐維爾老男孩簽下了 12 歲 Depetris，越洋引入幼齒球員已成新趨勢，Minguella 坦言：「大家都怕梅西太矮，難在歐洲立足。」

　　話說回來，梅西三兄弟也先後到過巴薩試腳，兩個哥哥鎩羽而歸，但其父始終對小兒子充滿信

心。9 歲的梅西身高只得 1 米 27，比同齡小孩矮了 10 厘米，檢查結果顯示其荷爾蒙分泌不足。荷爾蒙不足是可以治療，但醫藥費非常貴、非常貴。主診醫生 Diego Schwartzstein 表示：「類似病例每兩萬人只有一個。」1997 年 1 月 31 日，這位羅沙里奧醫生給梅西看病，建議利用注射荷爾蒙增高，他是紐維爾老男孩的忠實粉絲，那天也是醫生的生日，故此一直忘不了這位病童。

荷爾蒙要天天注射，梅西需要用鋼筆般的東西把藥物注射到大腿，醫生雖說是無痛注射，就像被蚊子叮一下，但疼痛與否也是啞巴吃黃連，有苦自己知。當時無論上學抑或玩耍，他都要必須帶住「鋼筆」傍身，注射之後帶來一陣劇痛，甚至無法練球，而且每月治療費約 1000 歐元，最初父親 Jorge 會利用國家的「醫保」分擔成本，但全國在 1999 年後經濟嚴重走下坡，保險不再靠得住。

# 經濟壓力

　　唯一好消息是紐維爾老男孩「良心發現」，拔刀相助，公開答應向梅西提供醫藥費。奈何，原來又是公關技倆，說一套、做一套。球隊時任體育總監 Sergio Omar Almiron（即前義甲兵 Sergio Bernardo Almiron 的爸爸），雖是 1986 年世界盃冠軍功臣，德高望重，但連續付款幾次後發覺不對路，此後便經常放鴿子，人不到，鈔票也不到。由 Balague 所撰寫的《梅西》一書提到，紐維爾老男孩的贊助費根本是象徵性資助，杯水車薪，費用僅夠小跳蚤每月使用一劑量，但每個月實際上需要注射 25 劑量。

　　醫藥費開始對整個家庭構成沉重的經濟壓力，爸爸決定帶梅西到首都布宜諾斯艾利斯，參與班霸河床的試腳。天意弄人，再一次感受到人情冷暖的苦澀，又吃了閉門羹。或許，我們都是絕處逢生，Minguella 的電話終於來了。由於轉會交易涉及年輕球員橫越兩大洲，難度不低，國際足聯當時規定，梅西的家屬必須陪同球員住在西班牙，故此巴薩不得不為其父在青訓營開設一個職位，手續相當繁複。

「他說他必須與家人同住，只有 13 歲，不能跟住在巴薩 100 公里以外的球員相提並論。」時任主席 Joan Gaspart 透露 Jorge 拒絕兒子入住拉馬西亞青訓營。「房租由巴薩承擔，這是 Rexach 的請求，他說我們不能錯過他，他擁有的東西我們從未見過。」2000 年 12 月，長居巴薩超過 30 年的羅沙里奧商人 Gaggioli，自告奮勇擔任梅西的代理人，並發出最後通牒。「如果不再行動，他會要找尋其他球隊，我們沒時間熬下去。」剛巧，AC 米蘭也提出報價，馬德里雙雄隨後也查問梅西的情況，但其他球隊差之毫釐，謬以千里。

聖誕節前 10 日，Minguella、Rexach 及 Gaggioli 聚首在一個網球球會內，那兒一眼眾山小，可鳥瞰整個城市的浪漫夜景。在佳餚美酒之下，三人達成君子協定，Rexach 親筆在隨從送來的紙巾上把內容寫下來，Gaggioli 翌日完成「公證」手續，至今仍把協定安放在銀行的保險箱，梅西與家人也沒能見過影響一生的協定紙巾。

## 紙巾約定

「Jorge 希望得到白紙黑字的協定，承諾兒子能往巴薩落班，故此那張『紙巾』讓他們放鬆了，若非如此，他們已選擇其他球隊。」Gaggioli 透露紙巾上的內容：「2000 年 12 月 14 日，巴薩隆納，在 Minguella 和 Gaggioli 的見證下，巴薩代表 Rexach 答應球隊會用商議好的金額羅致梅西。」協議列明只要小跳蚤日後可為一隊披甲，年薪將達到 654000 美元（1 億比薩），並擁有個人肖像權——這條款與當年小白 Andrés Iniesta 同出一轍。

於是，巴薩負責所有醫藥費，同時給予兩父子租住寓所，為其父提供一份 4.5 萬美元的工作，職責是安保。那公司是巴薩旗下子公司 Barna Porters 的安保公司，這可能是世界上「安保菜鳥」有史以來最厲害的薪水。梅西亮相一線隊之前，巴薩正在風雨飄搖，Luis Figo 被死敵皇馬挖走了，更難以想像由 2000 年到 2004 年，球隊居然遭遇 4 年沒有冠軍。

滿腹計謀的 Joan Laporta 於 2003 年舉起了「改變」的旗號，成功奪得主席之位，前任主席 Gaspart 不是味兒說：「政治永遠沒有正義，他被人舉報收購 Marc Overmars 和 Emmanuel Petit 收取回扣，高層一片狼藉，上上下下都神經緊張。」無論如何，民主選舉是少數服從多數，小跳蚤完成加盟手續，2001 年 2 月 15，梅西與家人來到巴薩。

　　Laporta 任期內的輝煌戰績，球隊雄風再現，梅西功不可沒，最諷刺的是，這位主席上任前，與心腹同樣簽署了「梅西加盟反對書」，批評前任主席利用不合法渠道收購球員。這個時候，紐維爾老男孩出來「索錢」，入稟阿根廷足總要求為梅西註冊，有利向巴薩索取巨額轉會費，國際足聯出面調解，表明巴薩就算簽下小跳蚤，也不會符合資格上陣（2003 年前的南美足壇，轉會制度混亂不堪，文件真假難分）。

## 出爾反爾

當時的巴薩體育總監 Lacueva 力排眾議，堅持不會放走梅西，豈料，當兩父子準備搬入新居所時，巴薩突然反口，否認包辦全部醫藥費，令人措手不及。Lacueva 唯有暫時自掏腰包拿出 2000 歐元，而他也是梅西巴薩義父，奈何基於種種政治原因，當他 2014 年去世時，並沒得到球隊風光大葬。

2001 年 3 月 1 日，加泰羅尼亞足總向梅西提供許可證，批准出戰加泰聯賽及友誼賽，但基於紐維爾老男孩遲遲未能拿出轉會文件，暫時無法在西班牙本土賽事上陣。小跳蚤在加泰聯賽第 2 場上陣時，大腿受傷，養傷數月又拉傷足踝韌帶，以為傷勢好了，家庭狀況出了事。他的哥哥來到西班牙後飽受相思之苦，戀愛大過天，忘不了阿根廷的女友，加上妹妹在學校受到校園欺凌，學不好加泰語，迫不得已之下，一家人要南北四散，除了爸爸留在巴薩，舉家返回祖國生活。

後來，巴薩更換了體育總監，繼任人不滿梅西的薪酬過高，雙方又再談判，結果由 60 萬歐元減至 3900 歐元月薪，另視乎比賽上陣、進球和錦標等增加獎金，協定於 2001 年 12 月 5 日起生效。2002 年 2 月 15 日，國際足聯宣判巴薩獲勝，小跳蚤自此可以在西班牙本土賽事上陣，亦即掃除了最後一道障礙。兩日後，梅西在青年賽事完成首秀，下半場替補出場，上演帽子戲法，把敵人殺個片甲不留。

　　2004 年 10 月 16 日，寂寂無名的小個子登場，為一線隊的球衣面對西班牙人，當時身穿 30 號球衣，進場取代葡萄牙中場名將 Deco，時為 17 歲零 22 日。時至今日，Minguella 的辦公室內仍然掛起了「紙巾約定」的複製本，改變了世界足球的紙巾。

（2016 年 11 月）

# 世界盃终极赢家

　　俄羅斯投入史無前例的 140 億美元打造本屆世界盃,11 個主辦城市中有 7 個需要中央資金援助;4 個目前只有球隊參與俄甲,觀眾僅有數千;索契甚至沒有職業球隊存在。人們憂慮里約奧運的「大白象」工程重現江湖,究竟終極贏家是足球、人民,還是「沙皇」普丁?

　　薩馬拉(Samara)是位於伏爾加河畔一隅的城市,有著全歐洲海拔最高的火車站,有全俄羅斯最好喝的啤酒。本屆世界盃薩馬拉承辦四場小組賽、一場 16 強賽及一場八強賽。球迷可以欣賞到烏拉圭前鋒 Suárez、丹麥中場 Eriksen 的球技。一次性看到最多球星的比賽應該是英格蘭淘汰瑞典的八強賽,薩馬拉借助足球重返世界視野。貴為二戰時期前蘇聯的戰略核心,薩馬拉隨著大量軍事人才和設備的遷入,在戰後迅速發展成為最大重工業基地,機械製造、冶金、電力等範疇都處於全國領先地位。

　　當美蘇的太空競賽難分難解時,薩馬拉就是前蘇聯衝出地球的發動機,1961 年人類歷史第一次載人飛船「東方一號」圍繞地球軌道飛行一周,

著陸後太空人加加林在薩馬拉向時任領導人發出電話報告。這份榮譽絕不輕鬆，有點喘不過氣。蘇聯解體後，軍工廠在私有化浪潮中倒閉，薩馬拉首當其衝。目前，除了與俄羅斯航天局相關的三家大企業之外，幸存下來的工廠都瑟縮在倒閉邊緣。俄羅斯國內人均生產總值排行榜上，薩馬拉只列第 14 位，剛畢業的大學生能拿到 16000 元台幣月薪已經心滿意足，普通白領工作十年八載也就只有月薪 32000 元台幣左右。

## 低薪畢業生

　　當年的下崗工人大部分已再就業，可是技術性不高的勞工，只能做保安，站在幼稚園、商場、藥店的大門口，又或者乘世界盃的快車，駕駛網約車接載球迷，賺點外快。薩馬拉市政府提出 4 年發展規劃，將重點發展基建和旅遊。除了興建世界盃的宇宙競技場外，也擁有全城首家五星級酒店。街道也進行了全面整修，這句城中流行的諺語「想知道走月球的表面是甚麼感覺，來薩馬拉就行」，希望在世界盃後成為歷史。新添置的公車和電車，每輛均設有俄、英、法語的報站項目，地標性建築航天博物館專門開設世界盃主題館，成為「失落的一群」尋回自豪感的契機。

　　離開薩馬拉，從莫斯科飛往薩蘭斯克（Saransk），約需 1 小時 20 分鐘。機場臨時修建國際航班候機室，國內航線的客運大樓經過擴建，可容納的客流量增加 100%。薩蘭斯是本屆世界盃承辦城市中最小，面積僅 80 平方公里。它承辦了 4 場小組賽，比賽不多，卻有幸零距離欣賞到超級巨星 C 羅；見證日本隊為亞洲人出口

氣，在小組賽對哥倫比亞首次擊敗南美兵團。小城雖然有大事發生，但本來就沒有捷運，市政府也沒打算順水推舟去興建，公交車依然是人們最主要的交通工具。遊客到訪見得最多的是鏽跡斑斑的汽車，吱呀作響的有軌電車，恍然進入了時光隧道，回到上世紀九十年代。

從機場到市中心的蘇維埃廣場，最多只要 15 分鐘，也會經過全城唯一國際級連鎖快餐店麥當勞。鮮明的對比是，紅、白色是屬於當地手工藝獨特的色彩，承載著莫爾多瓦人融入俄羅斯民族大家庭，差不多是整整 1000 年前的超級大事。伏爾加河的支流穿過薩蘭斯克，看不到摩天大樓，也不需要用天橋貫穿城市網絡。加上治安好、人們熱心助人，遊客隨便也可找到陌生人協助，與大城市的俄羅斯人個性南轅北轍，難怪薩蘭斯克在 2012 年排名「全國最適宜居住城市」榜首，走出去打工的畢業生也回流發展。

## 最適宜居住城市

　　每逢週末下午，薩蘭斯克市中心定期有機構進行「免費膳食」的活動，路過的人都能獲得一份膳食。老婆婆搭起了棚子售賣涼茶，最便宜的一杯只需要 5 角歐元，最貴的也不過是 2 歐元，豐儉由人。有時候還會向遊客免費送上茶水。足球在這裡不及競走聞名，2008 年北京奧運女子競走 20 公里冠軍就是來自這個小城市，因此從事體育相關活動的人口佔 36%，全國最高，且小小的地方有超過 2100 個設施可供市民使用，並因世界盃而誕生了首家五星級酒店，市政府集結一支緊急醫療救護隊候命，更與國際足聯合作打造城內第一個垃圾循環回收系統，這就是足球帶來的貢獻。

　　最後要提到的是 2014 年冬奧會主辦城市索契，本屆世界盃承辦了 4 場小組賽、一場十六強和一場八強賽。人們可以見到比利時中鋒 Lukaku、見證德國中場 Kroos 絕殺瑞典一幕。但最失望的肯定是目睹俄羅斯在八強賽被克羅埃西亞淘汰出

局。上世紀八十年代，旅遊業、醫師業佔索契財政收入達八成，蘇聯解體後，旅遊業受到重挫，民不聊生，幸好只有 35 萬人口的地方，因冬奧而讓世界認識，更沒出現媒體預期的「鬼城」出現。

每年五月，莫斯科人仍穿羽絨外套，但位處俄羅斯南部的索契居民已可以享受溫暖的陽光。故此它曾經是史達林私底下最愛的渡假地，也成為重要的國內旅遊勝地。2017 年聯合會盃，德國隊把大本營駐紮在索契，國腳們享受了 20 多天渡假般的環境。昔日奧運會冰球館的外牆上，現在掛起了很多演唱會大海報，連中學也會經常租用冬奧場館，極具架勢。目前為止，前冬奧花滑館已經全面開放，每人只需花費160元台幣左右，便可享用世界級設備，酒吧老闆坦言：「就算沒有世界盃，每天下午的生意也是蠻好的。」

## 拉動 260 億美元

2016 年，前往索契的旅客人數達到 520 萬，增長 29%，去年更突破 650 萬。這就是大型賽事拉動的經濟契機，市政府開始利用奧運留下資源推進旅遊業，例如奧林匹克公園內的巨型賽車場，每年仍會舉辦一級方程式分站。儘管歐洲復興開發銀行報告表明，世界盃對國家經濟的貢獻不如想像中巨大，但確實帶來 22 萬個就業職位，未來 5 年還會創造 16 萬至 24 萬個職位。估計 2013 至 2023 年內，全國 GDP 將因世界盃提升 260 億至 308 億美元。

本屆是歷來最昂貴的世界盃，俄羅斯投入 140 億美元，相當於 GDP 的 1%。但顯然物有所值，徹底改變了外界對俄羅斯的呆板印象。經濟上的推動力也是顯而易見，世界盃舉行前，俄羅斯受到西方制裁，又因間諜風波與英國鬧翻，駐歐洲多國的俄羅斯大使被集體驅逐。冷戰時代重臨嗎？本屆世界盃，歐洲國家領導人到現場觀戰，忽然成為看台上的弦外之音，誰記得之前他們約

定，集體缺席決賽圈。強人政治當道，普丁推動世界盃在政治風波外舉行，英國再現「落毒案」便備受冷落。

　　世界盃王者之戰，反普丁樂隊 Pussy Riot 成員衝進球場，全球政要親眼目睹。但強人早已駕輕就熟，搔不著癢處。曾經風行全球的美國網劇《紙牌屋》，有一集邀請 Pussy Riot 飾演自己，大膽在戲中趁俄羅斯總統訪問美國時發難，破壞國宴氣氛，戲內的「普丁」處之泰然，幽默應對，甚至能在國民心目中加分。對普丁而言，管治多久已不是問題，問題是如何在經濟有限增長的大前提下維持民望。那麼，愛國主義就是重要的得分武器。今年 5 月，普丁宣誓就職，開啟新一屆為期六年的總統任期，大選時得票 77%，也是四次選舉中得票率最高的。場內的贏家是法國，場外的贏家已呼之欲出。

　　　　　　　　　　　　　　　　（2018 年 9 月）

因公路之名
甚麼是 M23 德比？

　　一般情況，德比戰會以城市/省份的名字命名，例如馬德里德比、曼市德比等（不包括近年對岸那些自行創作的德比戰），但英國有一場特別的德比是以公路名命，那就是「M23 德比」——主角是來季英超升級馬布萊頓和水晶宮。

　　英國公路的名字是以「字母＋數字」組成，非高速公路開首是 A，高速公路開首則是 M，而英格蘭、蘇格蘭和威爾斯分為 1 至 9 個不同大區，公路以區號數位連接字母，比方說，A23 代表 2 區內的第 3 條公路。高速公路 M23 是從中間連接 A23 公路，南起布萊頓，北至倫敦中心。換言之，兩支球隊是由 A23 和 M23 相連，距離 75 公里，一小時的車路相隔了濃濃的怒火。

　　回到上世紀四五十年代，「藍海鷗」布萊頓和水晶宮已經常常對疊，包括 1951 年的聖誕節拆禮物日碰頭，但最吊詭的是，當時兩隊仍未結下樑子，直至七十年代的盛夏季節。時光跳到 1976 年，水晶宮聘任年輕的 Terry Venables 掌舵，布萊頓則請了 Alan Mullery 任教，兩位主帥曾經在熱刺共事 3 年，也是導火線的爆發點。

生於富勒姆的 Mullery，司職中場，由 1958
至 64 年為富勒姆上陣 199 場，以隊長身份加盟
熱刺，一直效力到 1972 年，有份出戰 1970 年
世界盃，與巴西球王貝利同場交鋒。切爾西出道
的 Venables，由 1960 至 66 年上陣 202 場，因
與總教練不和而賣到熱刺。Venables 當時是熱刺
的副隊長，執教生涯也比 Mullery 出色，兩人在
英丙聯賽起步，首次交鋒打成 1:1，卻在球場內出
現了 3 個煙霧彈，火藥味之濃可想而知。

　　天公造「美」，兩隊同年在英格蘭足總盃第一
輪碰頭，第 2 次交鋒依然不分勝負，重賽結果又
是打成平手，第 2 次重賽卻移師至 Venables 的
舊東家主場斯坦福橋。毫無疑問，這個安排自然
引起非議，更離奇的是，比賽因天氣問題而兩次
推遲，水晶宮先拔頭籌，布萊頓扳平被判手球，
最富戲劇性的場面在 78 分鐘發生，當時布萊頓
踢進十二碼，又被罰球員提前進入禁區而重射。
重射時，水晶宮門將撲出了，布萊頓黯然出局。

　　比賽之後，布萊頓主帥 Mullery 硬闖水晶宮
更衣室，刻意在地上扔下 5 英鎊，指罵 Venables：

「你連 5 英鎊都不值！」事後，Mullery 沒被罰禁賽，只是被罰款 100 英鎊，即總共損失了 105 英鎊，哈哈！其實，布萊頓以前的外號叫「海豚」，1977 年，布萊頓正式把花名易名為「海鷗」（海鷗在英國是受保護動物），用意就是對付水晶宮的「老鷹」。

隨後，雙方每次碰頭都充滿火爆場面，水晶宮在 1985 年主場迎戰布萊頓後衛 Henry Hughton 使出「奪命腳」，把死敵的主力球星 Gerry Ryan 鏟至三處骨折，職業生涯即時結束。4 年後的 M23 德比，裁判作出了 5 個十二碼，其中 4 個是給予水晶宮，可笑的是，後者卻有 3 次宴客。

2013 年英冠升級附加賽四強次回合，布萊頓主場比賽前，有人涉嫌往水晶宮更衣室投擲臭臭的排泄物，時任總教練 Gus Poyet 不滿球員所為，私底下發出電郵投訴，違反了合同約規定，被管理層停職，最後被開除了。下賽季的 M23 德比，我們拭目以待。

（2017 年 4 月）

# 守護神的「驚奇」手套

　　不出所料，電影《驚奇隊長》，連霸全球票房冠軍，超車一系列大賣前作，畢竟這是《復仇者聯盟 4》前的伏筆，誰也失去抵抗力。驚奇隊長外貌平凡，得到異能前也是一個凡人，就如足球場上的門將穿上手套前，其實跟普通人沒有兩樣，我們一起回顧門將手套多年來的轉變和升格。

　　今年離世的英格蘭經典門將 Gordon Banks，在 1970 年世界盃對巴西，飛身擋出球王 Pele 的頭球，被譽為「世紀撲救」，至今仍為人回味無窮，當時雙手帶著一雙褐色手套，可說是守門員的最後盔甲。撫今追昔，1863 年《劍橋規則》橫空面世，這是全球最早出現的足球說明書，原來在 14 條規則之中，人們完全找不到守門員的裝備規定，而最早期的守門員上場時，根本與其他隊友無異。

　　1875 年，門將可以配備手套，正式納入足球規則，惟戴手套的門將反而比赤手空拳的少，原因竟然「戴上後極不自在」，認為會影響救球表現。的確，當年沒有特製的守門員手套，那些都是毛手套，質地柔軟，純為禦寒。1949 年，法國《隊報》所寫的文章《門將的盔甲》引起關注，建議

126

守門員應像中世紀騎士，穿起盔甲以防被撞傷，那就是鴨舌帽和戴手套。

即便到了上世紀七十年代，Banks 視手套為下雨時的防滑工具，其「手套」實際上是口香糖，其師父語重心長地說：「賽前買包口香糖，外面的糖衣融化時吐到手上，揉到光滑之後，一直要留意對手動作，及時舔一口，雙方就會變得粘性，有助抓住皮球。」這段經歷來自他的自傳，千真萬確，也許，現在的讀者會一笑置之。

足球場上的手套發展史之中，阿根廷怪傑 Amadeo Carrizo 甚有份量，職業生涯效力河床，但腳法很好，能出現在場上任何位置，也是南美清道伕的奠基人，門徒包括瘋狂的 Higuita 和 Chilavert，當年他是為數不多堅持使用手套的門將。正如審美觀會不斷變化，現代足球中出現赤手空拳的守門員反而會是「異端」，例如 2004 年歐洲盃葡萄牙門將 Ricardo，互射 12 碼脫掉手套，造就經典一幕。

專業手套出現之前，世界頂級門將嘗試過「園丁手套」、「廚師手套」和「工人手套」，各適其適，直到上世紀七十年代，一個法國門將在巴黎無意

中發現水手所用的毛手套，手感不俗，開始引入
球場，隨後出現大批後來者模仿。有「網眼」的
手套可防滑，奠定了設計基礎，從此，盔甲終轉
向保護、救球等方面發展。

　　八十年代，門將和手套二為一體，盔甲不可
或缺，有助降低犯錯的風險，場地濕滑時抓球要
更加小心。隨著科技進步，比賽用球年復年升級，
皮球的去勢飄忽詭異，手套不得不求變，形成了
矛與盾的相互關係，當然也是一大商機，工業化
帶來的潮流產物。初期，製造商集中處理手套的
表面，通過增加膠層材料來減震、降壓、增加摩
擦，乳膠泡沫技術的引入，才開始知道可保護手
指，抓球時更具觸感和實感。

　　乳膠泡沫的天然膠乳是從橡膠樹中抽取的
「液體牛奶」，加入其他化學物進行保存，特性是
輕盈、隔熱，具有緩衝性能，成本不高，根據不
同喜好和風格，門將手套大致分為平掌剪裁、管
指剪裁和內縫剪裁。平掌剪裁最為普及，手套正
面平滑如掌，手指位同樣平整，優點在於製作技
術已久，舒適度最佳，觸面較廣，缺點是不夠「包
手」，令人覺得被「雙手被套住」之感。

內縫剪裁是把手指的縫合線放內側，掌面乳膠的兩側縫在布內，設計更接近原始手套。優點是符合人類手掌構造，泡沫乳膠充分地佈置在手套每一個位置，柔軟貼合，救球時極具真實感，缺點是不夠耐用。最後要提的管指剪裁，則是前兩者的「中庸」之道，九十年代由英國人發明，獨特之處在於每個手指都設計成管狀，達到包裹整個手指頭的效果，而且手掌和每個手指的接球面都由一整塊乳膠材料完全包裹著，符合英國人手指粗大的特質。

　　製造技術日新月異，門將手套已由這三種基本形態發展出五花百門的類別，半管指設計，降低管指剪裁的不適應性；內縫管指設計，有助保護手指；混合剪裁，視乎不同的手指專門訂追管指設計，實用性最強。或者你沒有「驚奇」手套，但手套始終是門將的身份象徵，無論何時，比賽中都不要脫下手套，因為沒有手套的門將，就如美女沒有穿衣服，金鋼狼沒有狼爪，赤裸裸的任人進攻。

（2019 年 4 月）

似是故人來　中超陷死局

坊間傳說唐玄宗春天臨軒擊鼓，人們創造擊鼓催花令，令官指定某甲擊鼓，令官依次序傳花，鼓停，花落誰家，誰要被罰酒兼吟詩。先是廣州恆大，再到上海申花，中超捲起了海嘯般巨變，究竟是福是禍，明星效應對中國足球真的百利而無一害嗎？申花發生股權糾紛，老闆朱駿是魔鬼抑或天使，有傳德羅巴（Didier Yves Drogba）只是舞台上一晃一晃的剪影，背後…這朵花最終會落在誰之家？時間會告訴你答案。

傳出德羅巴和阿內爾卡（Nicolas Anelka），因沒有薪水而即將離隊之後，上海申花老闆朱駿現身信誓旦旦否認：「每年我至少投三億三千萬台幣（下為台幣）在申花之上，五年下來就是十六億五千萬，有多少人願意拿十六億五千億搞一支球隊？」在股權糾紛的事件上，朱老闆在公眾面前一直以受害人形象示人，把自己講得異常正義，「07 年剛進來時才最困難，心裡沒有底，07 年都過了，怎麼搞好申花，球迷和媒體可以拿出自己的意見，大家有錢出錢，有人出人，共同打造強大的申花。」

毫無疑問，環球經濟不景氣，中超的氣焰反而只升不滅，這個賽季星光熠熠冠絕亞洲，前意大利教練里皮（Marcello Lippi）掌舵、德羅巴夥拍前隊友阿內爾卡攻堅、前多特蒙德中鋒巴里奧斯（Lucas Barrios）、由塞維利亞來投的前非洲足球先生卡努特（Frederic Kanoute）、英超中鋒雅庫布（Yakubu Aiyegbeni）等，凱塔（Seydou Keita）上季還效力巴塞隆納，風頭一時無兩。

　　說到這兒，先介紹一下恆大。前巴甲 MVP 孔卡（Conca）的轉會費達到三億元，為了一名本土球員黃博文，球隊願意支付六千萬費用，花錢一點都不會眨眼。黃博文的年薪達到三千三百萬，創下本土球員紀錄，無負「中超曼城」的名號，之不過頭給洗濕了，未來怎樣吹乾造型似乎沒有人想過。

　　九月三日，恆大皇馬足校如期開學，實際入學人數只有約一千人，只是預期的三分之一，為確保每名學生的營養分量，足校在軍訓基地每人每天一百九十元的標準費上追加九十元，伙食標準每桌四菜一湯提升至六菜一湯。入讀這所名校，

一點都不便宜，一年費用需要十六萬四千元，這根本就是針對富貴小孩。貧窮學生可以申請扶貧基金資助，從報讀人數看得出，貧窮小孩寧去練體操、跳水、乒乓球（桌球），也不會妄想靠足球脫貧。

中超怎樣達到收支平衡，恐怕像官員收入一樣摸不清，筆者一名親友本季購入恆大的季票，只需要三千五百元，比賽場場爆滿。翻查官方數據，恆大場均吸引四萬五千人入場，刷新廣州足球十七年歷史新高，惟單靠門票收入甚至也未能支付孔卡一個人的薪水（年薪四億三百多萬元）。據德國媒體統計，中超今夏轉會淨支出創紀錄升至二千五六十一萬歐元（台幣九億七千五百多萬元），排名世界第八，在亞洲僅次卡達，富甲中超的恆大佔總支出近五成。

恆大的實力在中超實屬超班，攻守均見遠遠拋離對手，亦是唯一一支能夠在亞洲與頂級勁旅對碰的對手，可是中國國家隊多次為了索然無味的友誼賽，而在大戰之前召入恆大的國腳，引起球隊不滿，里皮執教更公開作出批評。

恆大之後輪到申花。薪水高達三億元的阿內爾卡，加盟至今，既沒有爆發進球狂潮，更一度陷入八百分鐘進球荒，前阿根廷國家隊主帥上任至今，口碑平平，球隊一直排在中下游，明星似乎幫不了多少。前恆大教練李章洙認為，朱駿購入德羅巴只是商業上的棋子，更放言：「不用多久他肯定會走。」朱老闆旗下的網上遊戲公司，先後找來兩名前切爾西射手作為代言人，用意路人皆見。

打開申花的網頁，頁首是德羅巴的威風，方正大隻字寫着「魔獸駕到」。入內，第一個重要訊息就是價值八百九十九元人民幣的正版球衣禮盒，比起一般中超球衣貴四倍。

強國舉起中國特色的社會主義旗幟崛起，中超踏入了第八個年頭，未見其利先見其弊，由成立之初的十二隊增至十六隊，制度化系統尚未成形。恆大的天價獎金一場贏球賞三百萬人民幣有所聽聞，而跑上來的申花季初亦開出一百萬贏球獎金，但一如古代皇帝說了算，球隊因成績欠佳，

朱駿搖一搖頭改變初衷，臨時決定輸球需要扣除五十萬作懲戒。

國內足球隊擁有市政府半隻手撐住，就算近年逐漸脫離了市政府企業的色彩，惟本賽季青島中能班費二億八千萬，青島市政府提供了四千多萬資助，承諾牽頭各界贊助四千多萬，而另一球隊衡源在南昌近八年約獲二億三千多萬現金。錢是有的，但足球氛圍依然是問題，巴里奧斯去了中國兩個月左右，就在網上我手寫我心「想離開中國」，翻譯向記者確認離開恆大的心聲不是「打錯字」。

九月三日深夜，阿內爾卡現身浦東國際機場，搭乘法航 AF111 航班飛回巴黎，原因是申花八月的工資只付出了不足三成，簡直成為國際的笑柄。明星化早在六十年前已經證明只是有助提升知名度，而缺乏長遠的發展，來自美國的湯比爾在日本從事青訓 20 年，更是香川真司的恩帥，「七十年代北美聯曾有比利、克魯伊夫、碧根包華等巨星，最後曇花一現，因為美國沒有做好青訓。」

日本女足榮膺世界冠軍，不是一步登天，東洋女同時贏得亞洲 U16 和 U19 冠軍。

最壞的情況是，中超變成另一間房利美，房利美引爆次按，明知客戶還不起貸款，仍然有多少借多少，曾幫助五百五十萬少數族裔置業。中超的球衣、門票、商品收入都沒有到位，轉播權一家獨大，版權費名存實亡，巨額付出背後令人莫名其妙。老闆們彷彿只想做不為賺錢只為花錢的生意。強國需要熾熱的運動氛圍，讓國民多看多玩參與其中，中國足球才有救。

（2012 年 9 月）

妥協是缺陷不是美德
桃李滿門的阿根廷瘋子

　　「你無法評估『原力』的影響，不能量化它，但它一直都在。」徒兒 Pep Guardiola 這樣形容師父 Marcelo Bielsa，雖不中，亦不中矣。由 Guardiola、Mauricio Pochettino 到 Diego Simeone 有口皆碑的主帥，球員時代從未為「瘋子」踢球，卻充滿敬意，推崇有加。

## 出身律師世家

63 歲的 Bielsa 習慣凌晨 2 時外出跑步，一邊聆聽 22 種陣式的錄音帶，目前執教里茲聯，乃年薪最高的英冠總教練。與貧民窟出身的南美球員不同，他在羅薩里奧的家族是阿根廷舉足輕重的「律政王朝」，祖父、父親、哥哥和妹妹都是律師或政治家，權傾朝野。偏偏 Bielsa 對足球的癡迷遠勝其他事物，儼如老鼠遇上乳酪，母親 Lidia 會買日報和週刊《El Grafico》「餵飽」兒子。

Bielsa 從父親身上明白到知識是力量，童年時家中收藏了 3 萬本書籍，時至今天仍然訂閱 40 本體育雜誌，但最「不孝」就是成為父親的死敵，他支持紐維爾舊生，父親是羅薩里奧中央的粉絲。球員時期的 Bielsa 技術不俗，可惜速度一般，對抗能力差，僅為一線隊上陣 3 場後，便意識到自己的天賦不在球場內，終在 25 歲掛靴，繼而成為體育老師。兩年後（1982 年）展開執教生涯，第一份工作是布宜諾斯艾利斯大學隊。

雖然 Bielsa 最多只是比大學生年長 3 歲，但很快憑實力獲得認同，考察超過 3000 名球員後

才首次公佈 20 人名單，隨後在一場友誼賽領軍打和博卡青年軍，從而獲得舊東家紐維爾舊生僱用為青年軍主帥。那些年，他和助手 Jorge Griffa 駕駛破爛的汽車隨處去，曾在凌晨 2 時成為「不速之客」，告訴 13 歲的 Pochettino 將來必成大器，1987 年在小城 Avellanada 發掘到屠場之子 Gabriel Batistuta。

「記得加盟紐維爾舊生青年軍時，我的身材很肥胖，」戰神 Batistuta 甜蜜憶述往事：「自小我喜歡吃夾心餅乾，他不許我再吃餅乾，甚至要求我在雨中訓練，老實說，我非常恨他。」Bielsa 目睹 AC 米蘭稱霸歐洲，夢想成為下一個 Arrigo Sacchi，希望把阿根廷街童變成足球巨星。

Bielsa 告訴後衛 Fernando Gamboa，只要球隊能夠獲勝，他願不惜一切，甚至切掉自己的手指，「瘋子」的外號不脛而走，並在 1989 年得償所願榮升預備隊教練。1989 年世界變天，日本昭和天皇駕崩，蘇聯軍隊撤出阿富汗，柏林圍牆倒下，六四事件...Bielsa 揚言：「如果我的球員是機械人，我永遠不會輸球。」

142

## 驚呆一線隊

　　預備隊與一線隊共用更衣室，Bielsa 的訓練方法開始受到注目，教過巴薩和阿根廷國家隊的 Gerardo Martino 當時擔任攻擊中場，說到：「當你走進更衣室時，發現戰術板的箭頭太多，沒有位置做其他標記，像印第安人剛剛來過，短短一年時間，他已成為一線隊主教練。」

　　Martino 自恃腳法細膩，甚少參與協防（當年的 10 號幾乎不用防守），曾被 Bielsa 當面訓斥。「他明確告訴我，想上陣的話必須多跑動，每個人一視同仁，但每次訓練內容都不一樣，從不重複。」Martino 承認當時的球員都感耳目一新，打開了新世界，對訓練不再感到沉悶乏味。

　　「瘋子」強調比賽時的攻防轉換速度，要求球員在任何角落都要擠壓對手空間，靠近對方禁區的位置搶得球權。守門員 Norberto Scoponi 不能隨意踢出界外，解圍前也必須盡可能向前傳球，製造搶球機會，時間久了，紐維爾舊生終能自由流暢地執行「超時代」的戰術理念。

　　時間是最好的證人，Bielsa 上任紐維爾舊生主帥不到一年，已經奪得 1990 年春季聯賽冠軍，並與秋季聯賽冠軍博卡青年的總決賽，通過十二碼大戰獲勝。「每場比賽，大家會討論每項戰術安排，他有耐心地解釋所有細節。」中場 Alfredo Berti 對工作狂主帥推崇備至。

## 與球員討論戰術

　　球員在球場內已經埋頭苦幹，球場外也要努力做功課，Bielsa 要求一眾弟子回家閱讀體育雜誌，研究下場對手的常用陣型，對上 8 場的狀態，平日常用替補球員，哪位球員是定位球劊子手等。Pochettino 笑言獲益良多：「比賽時問題很多，這樣做可以幫你尋找答案，那些功課都值得去做。」

　　1992 年，Bielsa 率領愛隊斬獲秋季聯賽冠軍，進入了南美解放者盃王者之戰，互射十二碼不敵巴甲勁旅聖保羅，同年功成身退。之後的 6 年，他保持特立獨行的性格，到了墨西哥聯賽證明自己，然後回到阿根廷任教沙士菲體育，贏得1998 年秋季聯賽錦標，亦到西甲短暫執教過皇家西班牙人 9 場比賽。

　　然而，瘋子在異鄉遇上狂人，墨西哥美洲隊老闆是電視台高層，要求他必須接受旗下媒體訪問，Bielsa 覺得要求不合理（直至 1998 年擔任阿根廷主帥時，也拒絕任何形式的一對一訪問），又說：「標準是甚麼？如果我拒絕來自其他人，為

145

何要接受某個強權的採訪？」新聞發佈會上，他像校長一樣每次都詳細回答，個人最長時間紀錄是超過 4 小時，很多記者不得不提早離開。

1999 年一天凌晨，他跑過國家隊訓練基地時太投入，沒聽到當地警方高喊，赫然發現被十幾把手槍指著，馬上回應：「別開槍，我是 Bielsa！」人們喜歡他的激情，但他在輸球時激動的情緒，往往令人措手不及，最灑狗血的一次是帶著輸球視頻，前往前鋒 Martin Posse 的婚禮。

# 血的廝殺

　　阿根廷在世界盃資格賽作客哥倫比亞，這位國家隊總教練發表了一次著名的演說：「世界上有兩種街頭鬥士，一種人看到血就害怕，馬上想轉身回家；一種人看到血之後，更加決心廝殺。哥們，我告訴你們，我在這兒嗅到濃烈的血腥味。」結果，球隊踢出血性，以 3:1 輕取對手。

　　「無論球隊表現好壞，他擅長團結球隊，也是足球天才。」馬競主帥 Simeone 承認執教生涯受到前輩影響深遠。2002 年世界盃，阿根廷在小組賽被淘汰，Bielsa 面向全隊談話，第一時間把責任攬上身，真誠地道歉，第一個站起來擁抱主帥的是門將 German Bugos，而他在資格賽的所有比賽把關，卻離奇地在小組賽中被 Pablo Cavallero 搶走正選。

　　世界上有兩種教練，一種教練視乎手上的球員，調整自己的戰術；一種教練是堅持自己的戰術，要求球員作出改變。「很多教練告訴你，根據哪些球員來決定陣式，但我不同意，如果連自己

你對某種理念都不夠堅定,很難說服球員接受它。」
這就是 Bielsa 的真實一面。「我是個極端主義者,
絕不妥協,妥協是缺陷,不是美德。」

　　執教國家隊時,他主動提出民主投票,讓球
員選擇三後衛或四後衛陣型,結果是大部分國腳
選擇四人防線,但「瘋子」依然故我,認真地說:
「投票顯示了你們的喜好,但比賽會用三後衛。」
事實證明教練是對的,阿根廷殺入美洲盃決賽,
也奪得史上第一枚奧運會金牌。可惜,同年 9 月,
他不堪壓力請辭,逃進了修道院閉關,只帶書本,
不帶手機,足足靈修了 3 個月。

## 演說籌募資金

2007 年，Bielsa 執教過智利國家隊，為了提升訓練設施，籌集資金，不遺餘力遊走全國演講；2011 年夏天季前賽第一天抵達時，畢爾包競技的工作人員不敢相信，阿根廷人事前已觀看球隊過去 55 場比賽，其中 42 場看了兩次；2014 年，他執教馬賽時在高爾夫球車背後安裝電視和白板，訓練時開到場中央，藉此向球員解釋複雜的戰術調整。

Bielsa 任教智利國家隊時，提攜了 3 大支柱 Arturo Vidal、Alexis Sánchez 和 Claudio Bravo；執教畢爾包競技在歐洲聯賽主客雙殺曼聯，最終殺入了決賽，但近 10 年來卻因拒絕妥協，多番與高層爆發衝突，黯然離去。當下，他不惜「委曲求全」，自願降格任教英冠的里茲聯。

自 Johan Cruijff 以後，這位阿根廷人可能是對現代足球影響最深遠的主帥，難怪上世紀九十年代奪得三次聯賽冠軍的紐維爾舊生陣中，許多球員走上執教之路。不是巧合，今日至少有 9 人任教職業隊，有一名球員成為經理人。熱刺總教練 Pochettino 視他為繼父：「他的角色像我

的父親，他鼓勵我成為教練，我對他的愛是毋庸置疑，年輕球員需要這種教練引領前進。」

某些名帥從未與「瘋子」共事，但同樣受到影響，2014 年 12 月，Zidane 在馬賽住了一天，與前輩詳談聊了超過 3 個小時。2006 年 10 月，剛退役的 Guardiola 飛往距離羅薩里奧市中心 78 公里的 Maximo Paz 牧場，拜訪前輩，聊了 11 個小時，由電影、足球到戰術無所不談。

Bielsa 收集了超過 4000 場比賽的視頻，兩人一起觀看經典比賽，大辯論，尋找答案。Guardiola 寫下了很多足球筆記，茅塞頓開。老帥問：「你真的喜歡血嗎？」少帥答：「我需要那些血。」兩年後，西班牙人成為巴薩總教練，首個賽季已贏得史無前例的三冠王，戰績彪炳，現在率領曼城再創世紀。

「感謝 Bielsa 打開家門，花一整天與我談論足球，那是我的榮幸。他是世界最佳教練，教練的影響力與錦標數字無關。」Guardiola 真心拜訪的傳奇，也許只有 Cruijff 和 Bielsa。時至今日，「世界最佳教練」Bielsa 依然穿著得不太光鮮，總是在教練區內走 13 步，然後蹲下來祈禱，像一種宗教儀式。

（2018 年 10 月）

把魚腩變黑馬
北愛魔術師歐尼爾

151

　　2015 年度英國最高榮譽的 BBC 體育頒獎典禮，體壇風雲人物由網球巨星 Andy Murray 獲獎，而年度最佳總教練則屬於歐尼爾（Michael O'Neill）所有，既是近 6 年來首位得獎的足球主帥，亦是史上第 6 人，能夠媲美溫格（Arsene Wenger）、弗格森（Alex Ferguson）和穆里尼奧（Jose Mourinho），到底他有甚麼魅力和領袖才華，由一個業餘主帥變成全英「萬人景仰」的總教練？

# 週薪 25 鎊

時至今日，很多人搞不清邁爾克歐尼爾與馬田（Martin O'Neill）的關係，其實，兩人風馬牛不相及，前者沒有執教過任何英超球隊，目前是北愛爾蘭主帥；後者曾執教維拉和桑德蘭，目前是愛爾蘭總教練。回到 10 年前，歐尼爾（下全為邁爾克歐尼爾）還在金融界任職，生活安穩，收入穩定，女兒當時只有一歲，突然被一通電話改變了命運，同時也改變了北愛爾蘭足球的命運。

「那個星期六，我們一家人在愛丁堡逛商場，前登地聯隊友 Paatelainen 來電，透露球隊找不到助教，於是問我有沒有興趣執教當時蘇丙業餘球隊 Cowdenbeath F.C.，周薪 25 鎊。」歐尼爾退役壓根兒沒想過走向教練之路，但對當日的畫面歷歷在目，「女兒才一歲，我才掛靴一年多，雖然這是人生計劃的一部份，但內子仍然鼓勵我去試一試。」

歐尼爾掛靴前效力超過 10 支球隊，較著名的包括希伯尼、考文垂城和維岡，亦曾在紐卡斯

爾與當年的英格蘭天才中場加斯科因（Paul Gascoigne）成為隊友，但球員生涯平平無奇，營營役後地度過了大部份時間。「Paatelainen 告訴我，Cowdenbeath 的主席熱愛足球，但他的正職是貨櫃生意，在足球方面的投入大約是生意的 10%，當時連正式的訓練場也沒有，我們在公共球場訓練，晚上要利用貨櫃車的燈光照明。」

## 業餘教練

「起初，我以為自己就在拍電影，居然要在這種艱難的環境下執教，但唯一可做的，就是改變自己的想法，反正選擇了，就別再抱怨。」2006年4月，歐尼爾毅然自立門戶，任教另一蘇格蘭低組別球會 Brechin City F.C.，從而嶄露頭角，不久被愛爾蘭龍頭勁旅沙姆洛克流浪邀請，轉會後火速奪得兩次聯賽冠軍，更闖進歐洲聯賽小組賽，堪稱「球迷奇遇記」，並於 2011 年榮膺北愛體壇風雲人物。

神奇教練初為人識，北愛人才匱乏，遂出手挖角。「父親叮嚀我千萬別執教國家隊，這是吃力不討好的工作，這種工作只會被人批評，沒有好處，但也有人叫我不妨執教短時間試試，一旦製造到 1、2 場爆冷賽果，馬上離開。」高中主攻數學的歐尼爾，並沒刻意用數學的角度去計算得與失，否則處子作以 0:3 不敵褪色北歐海盜挪威，兩年後的世界盃資格賽作客負於業餘雜牌軍團盧森堡，他應該會掛冠而去。當時的世界盃資格賽，

北愛在小組賽排名倒數第二，只是贏過一場，排名比阿塞拜然還要低。

「我不斷反問自己，這決定是否正確？球迷的怒火，不無道理。坦白講，當時我以為國家隊教練生涯，只剩下最後兩場比賽。」同年夏天，戰績 18 場只得可憐 1 勝的歐尼爾，意外獲得續約，再戰歐國盃資格賽。去年 9 月，球隊作客以 3:1 擊敗法羅群島，升上 F 組首位，最終以 1 分力壓羅馬尼亞，取得首名出線，實現連已故曼聯傳奇 George Best 也圓不了的千秋大夢。

# 個人目標

　　事實上，北愛兵力屬於「有限公司」，歐尼爾召入伍的國腳不到 40 人，當中只有 5 人能夠在英超站穩主力。曾經代表過國家隊 31 場的歐尼爾，選擇在蘇格蘭成家立室，太太是一名教師，後來與兩名孩子一起到愛丁堡定居。其他國家隊會在友誼賽試陣，但北愛卻沒有試場的空間，皆因不少國腳平日太缺乏正式比賽，他說：「拉弗蒂（Lafferty）在 2014/15 賽季只為諾維奇上陣 27 分鐘，每一場友誼賽都是北愛的正式比賽，以戰養戰。」

　　「世界盃資格賽之後，我的任務是說服個別主力留隊，譬如為不同球員設立不同目標，建議他們可取得 50 次代表國家隊上陣或踢進第一個進球後才退出國際賽，通常情況是人們達成一個目標，又想向下一個目標前進。」歐尼爾解釋道：「我不能失去任何一名主力，失去了便找不到代替品，我知道必要時要主動致電諾維奇的總教練談一談，但之前根本沒人認識我，唯有百忍成金。有時我覺得自己更像經紀人，會為陣中沒有合同的球員，致電給不同主帥說兩句好話。」

## 反思數據

　　當你沒有選擇餘地，就只能善待手上的一兵一卒，歐尼爾再說：「雖然國家隊有 10 多名球員在球會的比賽少之又少，但我會謹慎地挑選他們入伍，亦會同部份主力商討選人名單，我希望主將們參與其中，讓他們對國家隊能夠擁有一幅更遠更美的藍圖。」對球員誠懇，對自己也要誠懇，歐尼爾認為要擺脫魚腩的惡名，先要承認北愛本身就是魚腩，「我同其他主帥最大的分別是，我願意與球員建立真誠的關係，建立互相信任的基礎，北愛曾經是世界盃資格賽獲得自由球最少的球隊，阿塞拜然獲得 110 個自由球，我們少了 58 個，故此我們會在這方面多下苦功。」

　　「中場布倫特（Brunt）為國披掛 4 年，從來沒有贏過一場，中衛埃文斯（Jonny Evans）差不多兩年沒獲勝，我想他們反省一下自己，雖然這種做法可能帶來反效果，但我們談過之後，他們意識到自己必須挺身而出。」溝通永遠是解釋問題的最佳辦法。足球比賽需要進球，北愛的王牌

前鋒拉弗蒂在英超掙扎求存，但在國家隊卻判若兩人，歐尼爾笑言：「他在英超上陣的比賽其實表現不差，我告訴他，多年來他的進球率不弱，但場上紀律非常恐怖，一名前鋒居然拿過 44 面黃牌；65%比賽被換出，原因是有黃牌在身，更重要是，我直接說出我喜歡他的理由，認為我倆可做朋友。」

世界盃資格賽，北愛國腳被罰 3 面紅牌和 23 面黃牌，全歐洲排名倒數第 6，歐尼爾補充道：「來到本屆歐國盃資格賽，我們的紀律是全組最佳，證明改變是成功，同時我用數據說明我們的後勁相當凌厲，最擅長在比賽剩下 10 分鐘時破門。」未來半年，歐尼爾將會出盡九牛二虎之力，挖角前英格蘭 U21 前鋒威克漢姆（Wickham）「改投」北愛門下，增強前線的火力。誰說魚腩不可以有夢想，歐尼爾告訴我們，奇跡是會發生兩次的。

（2016 年 2 月）

足球世界之末端是？

一條有趣的問題：「國際足聯世界排名最低的國家是哪一個？」恐怕 100 個球迷，99 個答不出來，就連職業球評也未必知道。他們和香港算是有點「淵源」，因為他們幾百年前是英國殖民地，現在是英國海外屬地，仍以英女皇伊麗莎白二世作為國家元首，並由英國指派的總督掌政，這地方叫安圭拉(Anguilla)。（多個末端國其中之一）

位於加勒比海的安圭拉，面積只有 96 平方公里，人口約 1.5 萬，細小但仍保持美麗的風光，歷史污點無疑是當時入侵的英國人，把這個小地方改造成煙草種植場，再輸出到世界各地。幾百年前，人類為了爭奪土地資源，大動干戈，加勒比海地區一度被歐洲諸國瓜分，安圭拉先後落入英國及荷蘭人手中，法國曾試圖掠奪，但失敗告終。英國重奪統治權後，安圭拉的版圖忽大忽小，1880 年與聖基茨和尼維斯「三合一」，三個島嶼之間沒有文化接合點，也沒有地理上的關係。

到了 1967 年，安圭拉出現獨立的聲音，分離主義崛起，槍聲嚇跑了英國外交大臣，短短 10 年，奴隸買賣而流落「異鄉」非洲人後代發動過兩次革命。英國人把足球帶來安圭拉，但他們與

地球上大部份國家隊沒有交戰紀錄，只是在國際足聯的大會上，看見他們的名字，從中文發音聽來，相信很多人會把他們誤作為非洲的安哥拉。

版圖不大，人口不多，安圭拉是著名避稅天堂，但足球隊長期處於世界排名之末，毫無上升跡象。國際足聯每年向安圭拉提供 50 萬美元援助，自從 2003 年起，額外發放 200 萬美元興建一個容納 1100 人的足球場，但對推動當地足球發展，似乎沒多大作用。其他國家不重視他們，卻渴望得到他們的神聖一票，前主席 Sepp Blatter7 年前曾歷史性到訪當地，為新球場主持開幕式，更揚言：「我們需要安圭拉貝利！」聽來，實令人啼笑皆非。

其實，安圭拉直至 1997 年才加入國際足聯，世界排名第 190 位，也是史上最高，至今打了 30 場比賽，取得 3 勝，腳下敗將包括英屬處女島。2006 年世界盃資格賽，他們居然與多明尼加共和國互交白卷，締造歷史新章，但近 5 年來只是踢了 10 場正式國際賽，相當於大部份球隊的一年的比賽數量。不出所料，他們的比賽大都是慘不

忍睹，0:10 不敵千里達、0:12 大敗薩爾瓦多、1:14 不敵格瑞那達，不斷寫出全新最差紀錄。

波蘭出生的總教練 Richard Orlowski 排除萬難，接掌安圭拉教鞭，出征 2018 年世界盃資格賽，合計以 0:8 不敵尼加拉瓜，不久離職。「備戰超過一個月，我們與英屬處女島踢了兩場熱身賽，又與聖馬丁踢了熱身賽，全部獲勝，安圭拉國腳大感鼓舞，世界排名肯定會突破新高。」他謂。可惜，最低依然是最低，看不見希望，聖馬丁不是國際足聯會員，對英屬處女島的比賽未獲認可。

2012 年，安圭拉足協主席涉嫌賄選，遭到終止職務，撲朔迷離地在 45 日後復職，並一直掌權至今。由於足協的「小圈子」活動，從來不問世事，只問回報，導致當地球隊嚴重不滿，寧願退出官方聯賽。時至今日，安圭拉依然沒有職業聯賽，頂級男子聯賽由 9 隊角逐，名字相當隨便，像 Attackers 隊，而其中一隊勁旅「獅吼隊」則在 2015–16 賽季拂袖而去，並解釋「安圭拉足球如一潭死水」。

安圭拉無法依賴海外僑民建立具規模的國家隊，青訓是唯一的前路，年僅 15 歲的 Keanu Richardson 已完成國家隊處子秀，20 歲的 Germaine Hughes 已轉到巴巴多斯踢球，像威爾斯足球的「輸出模式」或者一條出路。業餘球員 Kevin Hawley 服務國家隊長達 20 年，今年已 37 歲，也是國家隊隊長，去年慘吞圭那亞 7 蛋後，試嘗用阿 Q 精神鼓勵隊友：「至少，我們在比賽頭 10 分鐘沒有失球。」

（2017 年 9 月）

# 足球戰術需要革命思維

在全球一體化的帶動下，世界各國越趨樣板化，今天當你踏足布拉格、布達佩斯和布加勒斯特等東歐城市時，抬頭看是快餐連鎖店麥當勞和肯德基，左邊是奢侈品專門店 LV 和 PRADA，右邊也就是隨處可見的巨型超市。「特色」越來越難能可貴，當你扭開電視機，看到的球隊幾乎都是 4–2–3–1 陣式，回憶南非世界盃如是，恐怕夏天本屆歐洲國家盃亦然，大家儼如在工廠做同一件事，欲尋百花齊放，我們也許要利用逃避現實的辦法——在從電玩裡統治世界。

資深一點的球迷應該記得，昔日足球世界百家爭鳴的日子，不亦樂乎，義大利的十字聯防、荷蘭全能足球、前蘇聯的機動化足球、傳統的森巴足球等等，五花百門，琳瑯滿目，各式其式。今時今日，各類戰術逐漸融為一體，傳統的 4–4–2 陣式在世界主流中，已經被盛極一時的 4–2–3–1 取而代之，難道史上最全面的陣式悄悄走上滅亡之路？

全球化把 4–4–2 戰術體系淹沒，若然真的如此差勁，絕不可能沿用數十年。荷蘭教父克魯伊

夫（Johan Cryuff）對 4-4-2 的批評沒有錯，可是世界上也沒有完美的戰術，4-4-2 的普及性卻是無遠弗屆，尤其是在一些足球不發達的國家，又或者新興足球地區，4-4-2 容易理解，便於實行，曾經是世界球壇摯愛。

克魯伊夫深愛的 4-3-3 陣式，建構了今天的「地上最強」巴塞隆納（Barcelona），甚至讓西班牙國家隊成為受益人，從此發揚光大。巴塞隆納式 4-3-3 的中心思想在於──控球在腳，這一點需要隊友之間的長期磨合，默契不可能短時間內培養而來，因此未必適用於大部份國腳各散東西的國家隊。

討論一般的 4-4-2 陣式，我們必須先要假設，兩名中場同樣屬於能攻擅守的全能型球員，否則就不可能存在當下的世界足壇。記得一個笑話，英格蘭國家隊在 90 年代末至 2000 年初，曾經棄用 4-4-2，但被指國腳們適應不了歐陸戰術，表現、成績不進反退；南非世界盃，卡佩羅（Fabio Capello）堅持 4-4-2，到頭來卻被困死於 4-4-2，輿論一樣口誅筆伐，世事真奇妙。

　　實際層面上，4-4-2 本身有多種不同的演繹
模式。如果要貼近現代足球，4-4-2 必然偏向防
守性，用得最具經濟效益的教練，那就非義大利
籍主帥薩基（Arrigo Sacchi）莫屬。他在執教 AC
米蘭和義大利國家隊時，既把不少球星帶上另一
層次，同時能夠寫下佳績，重新演化了古老套路
的模樣。球隊的四人防線之前，總有四名攻守俱
備的中場作出保護，人數上確保不會輸給對手攻
擊組合，「控球」並非最重要的一環。當球隊失去
皮球時，中衛與中鋒的理想距離就維持在 25 碼
左右，這種做法把三線空間收縮起來，加上巧妙
地利用越位陷阱，變相減少了球場的空間，進攻
一方根本難以流暢地傳送進攻。

　　利物浦（Liverpool）前帥霍利爾（Gerard
Houllier）所用的戰術即使沉悶乏味，就帶來多項
盃賽冠軍頭銜，完美地發揮到英格蘭金童歐文
（Michael Owen）在當打時期的極速優勢，中場
和防線往往距離兩名前鋒 40、50 碼之遠，這段
距離刻意提供了「爆發」空間給射手發難和衝刺；

缺點是，當中場呼應不足或缺乏後上支援的話，前線很容易遭到孤立。

年紀不大的球迷也許對薩基和霍利爾印象比較模糊，那就可以說一說 09/10 賽季的英超神奇球隊富勒姆（Fulham），領隊霍奇森（Roy Hodgson）同樣使用 4-4-2 創出奇蹟。富勒姆打出來的足球無法教球迷叫好，卻是以效率為先，實而不華，把重點放到「壓迫」的時間選擇上。霍奇森盡量把中後場球員屯積在 40 碼之後，當敵人進入「雷達」探測範圍之內，球員才會展開壓迫搶截，皮球在 40 碼「雷達」之外時，並不會採取過份鏟截，避免自毀嚴密的防禦網，同時毋用浪費體力以及也不利於互相補位。

事實上，面對 4-2-3-1 時，4-4-2 的最大破綻，必然是走漏了「3」的那位中間人，也就是我們常說的「影子前鋒」或者中場指揮官。一旦那名進攻靈魂人物被溜跑了，防守便變得疲於奔命。上世紀 90 年代的英超足壇，坎通納（Eric Cantona）率領曼聯（Manchester United）打開王朝的大門；矮腳虎左拉（Gianfranco Zola）成

為油王入主切爾西( Chelsea )前的代表人物;「冰人」博格坎普( Dennis Bergkamp )與亨利( Henry )箭頭,為人津津樂道,這些既能穿針引線又能獨闖龍潭的「半前鋒」叱吒一時,足以反映出 4-4-2 套路的致命漏洞。

全球化勢在必行,抵擋不了,個體力量只是螳臂擋車。歐洲教練主張單箭頭,前鋒的類型逐漸變得單一格式化,昔日像英格蘭射手福勒( Robbie Fowler )和義大利老頑童因扎吉( Filippo Inzaghi )的機會主義者,腳法平平、沒有身材、沒有速度,今天已難以生存下去;爆炸力強的「超級跑車」,今天出道很可能只能擔任翼鋒,單箭頭一定要夠全面:高大、速度、射術、技術、身位、頭球,缺一不可,只要通才,不要「專才」。

這個賽季,英超勁旅悉數棄用 4-4-2 陣式,只剩為數不多的中小型班繼續將英式基因遺傳下去。然而,4-4-2 在十年八載之內,也不會在英倫消失,畢竟這就是英格蘭足球傳統價值,與生俱來的設定值 ( default ),就像 4-3-3 在巴塞和

荷蘭足壇的位置，因此，如何把「它」改良，怎樣延伸下去才值得英倫當權者討論。英格蘭人發明了 4-4-2，藍西爵士（Alf Ramsey）把它宣揚四海，更憑此奪得 1966 年世界盃冠軍，同時是英倫小孩最容易理解的戰術。就算 4-4-2 在世界消失，唯獨英球壇不能消滅自己的傳統。

一般戰術意識不強的隊伍，中後場球員根本不知道如何保護和支援單箭頭，沒有素質的球隊勉強使用 4-2-3-1，只會變成東施效顰的悲劇。從大潮流而言，4-4-2 無疑變成逆流而上的小舟，「新 4-4-2」假如要融入世界，球員的必備條件是放棄自我表演的機會，無私地奉獻球隊，球迷要也許要作好「沉悶」的心理準備。

西班牙主帥博斯克（Vicente del Bosque）表示：「作為國家隊總教練，我要以歐洲列強的陣式作為標準，我不希望國腳來到集訓，需要適應一套截然不同的體系。」曼聯主帥弗格森（Alex Ferguson）於 2010 年時講過：「我不認同 4-4-2 比起 4-5-1 更容易進球，反而我認為讓對手承擔風險更加理想。」荷蘭主帥范馬爾韋克（Bert

van Marwijk）則說：「3 名攻擊手是最合理的配置，而且臨場比賽由 4-3-3 變為 4-2-3-1 也很彈性。」我們最想看到的，並非當戰爭片大賣時，一窩蜂搶著戰爭片，而是每次走進電影院也有愛情片、戰爭片、恐怖片和喜劇給觀眾選擇。

（2012 年 3 月）

# 拆解球星紋身背後真義

　　寶刀未老的曼聯前鋒 Zlatan Ibrahimovic 上賽季末重傷結束賽季，完成手術後分享了一張大腿照片，網民清晰可見腿上的漢字「傳」，莫非這是呼應那一金句「過來時是國王．離去時是傳奇」。

　　非也，為「呂布」動手術的著名美籍華裔大醫生傅浩東，那漢字不是「傳」，而是「傅」，只是瑞典人想向醫生致謝和致敬而已。「呂布」是喜歡紋身的足球巨星之一，大大小小的紋身起碼超過 10 個，包括充滿中國特色的紅龍等，似乎中華文化對他而言，充滿吸引之處。

　　除了 Zlatan 之外，前曼聯球星貝克漢與中華文化也有點淵源，4 年前，萬人迷到訪北京大學演講，秀出「生死有命，富貴由天」的紋身，全球驚嘆不已，我們忘了哲理，居然被英國人重新提醒一次。貝克漢的八個漢字是由狂草紋上，巧合地，與大兒子布魯克林的右手腕上的「狂」互相呼應。

　　話說回來，曾效皇馬、洛杉磯銀河和巴黎聖日耳曼的貝克漢，最初想到的紋身是「永不言敗，自強不息」，只是香港紋身師沈龍威認為陽剛味太

重，不宜用作紋身之用，遂反建議用上《論語》的「生死有命，富貴由天」。香港娛樂雜誌披露，當萬人迷的紋身曝光後，紋身店的生意急升，當中不乏他的迷弟迷妹，一模一樣複製這句話。

紋身，有時候具有震懾的作用，前希臘國家隊前鋒 Theofanis Gekas 身上就有「寒冷殺人魔」的漢字（紋身師父略懂漢語的話應改為冷血殺人魔），顯然是為了嚇唬敵人，而他亦說過：「這個詞語的意思是冷靜的殺手，與我風格如出一轍。」最怕嚇不了，卻嚇了自己，紋身還選擇正能量多點的漢字更好。

迦納中場 Kevin-Prince Boateng 是非洲帥哥，身上的漢字簡單易明，分別是「家族、健康、愛、成功、信任」，理由也清顯而易見，他解釋道：「我是要時時刻刻警醒自己，告訴自己生命中有最重要的東西，不是金錢、名利、權力。」皇馬領袖級人物 Sergio Ramos 在耳朵紋上漢字「狼」，原來這是他最喜歡的動物，但相信華人斷不會這樣做，尤其男生，免得被戲謔甚至誤認為「色狼」，那就是無妄之災。

　　大部份西方人紋上漢字，取其形，也取其義，但也有少數球員純粹「愛美」，保加利亞瀟灑哥 Dimitar Berbatov 手上刻了「百無禁忌」、阿根廷天使 Ángel Di María 右手臂上的「手炮友」、前義大利後衛 Francesco Coco 左臂上的「夫手」，其實也沒太多意義。

　　蠻好笑的是，前德國國腳 Torsten Frings 手臂上紋了「龍蛇羊勇吉」，背上則加了「酸甜鴨子：7.99 歐元」，原來是曾經有一次在中餐館吃過美味的酸甜鴨子，於是深深愛上這菜式，便一不做二不休，紋在身上，就算不懂發音，也能叫菜。最後，簡單的漢字紋身，就是把自己的漢語名字紋在身上，比如 Antonio Cassano 的安東尼奧，重點是看他們找的紋身師父是說粵語、抑或國語，還是普通話。

（2017 年 5 月）

# 政治催化的歐冠新手

今年歐冠聯小組賽抽籤，C 組被公認為死亡之組，英超冠軍切爾西、義甲亞軍羅馬和西甲季軍馬競共冶一爐，還有被視為代宰羔羊的阿塞拜然冠軍卡拉巴克（Qarabag FK）。

歐冠附加賽，年僅 20 歲的阿塞拜然邊鋒 Mahir Madatov 對哥本哈根時，攻入了隊史最偉大的兩個進球，總比數打成 2:2，憑較多客場進球取得分組賽席位，也是阿塞拜然史上第一支闖進歐冠小組的球隊，締造驕人歷史。這新手來頭不小，背後充滿暗湧，也是阿塞拜然和亞美尼亞之間的衝突標誌。

卡拉巴克原來的基地是在 Nagorno--Karabakh，但戰事爆發而逃亡，1993 年離開阿格達姆（Agdam），惟主場只能容納 5800 人，不符合歐洲賽的資格，故此每場歐洲賽都要移師國家級的 Tofig Bahramov 體育場。慘在他們不希望在這兒比賽，因 Tofig Bahramov 是一名前裁判，曾在 1966 年世界盃決賽上作出「誤判」，導致英格蘭擊敗前西德，奇怪地球場以其命名。

時至今日，阿格達姆已經變成人去樓空的「鬼城」，只有空氣流動，聽不到人聲車聲，4 萬人要不背井離鄉，不然已在當年的戰事中被一一屠殺，

亞美尼亞軍隊在當地作出非人道行為。簡單而言，卡拉巴克是這個城市給後世殘留的回憶，並移師到首都巴古（Baku），找到喘息的空間。2009/10賽季，卡拉巴克以聯賽冠軍姿態，首次現身歐洲賽場，並在歐聯盃第一輪資格賽出擊，當時的崛起要多得中央政府的資金援助。

東歐足球與政府關係千絲萬縷，阿塞拜然食品加工行業龍頭的副主席 Taher Gozel，就是卡拉巴克的副主席，但他不是阿塞拜然人，而是土耳其人。去年，亞美尼亞和阿塞拜然爆發衝突，土耳其選擇站在阿塞拜然身邊，既是經濟原因（土耳其是阿塞拜然海外投資最多的國家），也是文化原因（兩國語言接近，聽說阿塞拜然人也被稱為什葉派土耳其人）。

Gozel 的公司購入卡拉巴克後，大力投資，利用足球場作為宣傳工具，在球衣前印上公司名字，他本人則頻頻走到最前，除了在電視台接受訪問，也拍攝過紀錄片及今年上映的足球電影。事實上，他們的主場館 Azersun Arena，兩年前落成，正是該公司斥資興建，並冠上公司名字，可惜我們無緣在歐洲賽欣賞到他們的球場。

　　足球是高加索地區向外宣傳的重要武器，阿塞拜然近年經常強硬對待反對派，打壓示威者，故此運動是中央政府欲蓋彌彰的手法，並對卡拉巴克晉級做出正面回應，認為國家欣欣向榮，外交部長說 Hikmet Hajiyev 說：「卡拉巴克顯示我們對領土的統治權，就算阿格達姆被毀滅，也不會摧毀我們的決心。」

　　卡拉巴克命中注定，無法與政治分開，就像港台人士可以利用能否自由進出澳門，作為測驗個人政治敏感度的試劑。2015/16 球季歐洲聯賽分組賽，蜜蜂軍團多特蒙德作客卡拉巴克，亞美尼亞國腳 Henrikh Mkhitaryan 因「簽證問題」被禁止入境，原因正正是他曾經踏足阿塞拜然的禁區 Nagorno--Karabakh。

（2017 年 9 月）

爲何上帝與魔鬼同行？

如果嫌《小丑》描述的成魔之路太過戲劇性，不如看看紀錄片《Diego Maradona》(港譯：真球王馬勒當拿)，回顧一代球王的入「魔」之路？

奧斯卡得獎大導 Asif Kapadia 本身是利物浦球迷，曾出品《極速傳奇：冼拿》及奧斯卡得獎作《Amy》，並以原班人馬操刀《Diego Maradona》，成功躋身康城電影節非競賽展映單元，未知台灣影迷有沒有機會欣賞到這部近年難得一見的足球巨星紀錄片。

故事主線聚焦 Maradona 由巴薩加盟那不勒斯後的高低跌宕，全片製作歷時兩年，搜羅超過 500 小時從未曝光的珍貴視頻，近乎雲距離拆解阿根廷球王風光背後的失意和沉淪，重組輝煌與黑暗的碎片。Kapadia 形容主人翁能同上帝對話，同時又跟魔鬼同行，「為何今次拍攝手法跟之前兩部紀錄片不同？因為之前兩齣戲的主角先後往生，他則是活着的傳奇。」

1960 年 10 月 30 日，Maradona 降生於布宜諾斯艾利斯近郊的貧民窟，有 4 個姊姊，萬千

寵愛在一身，兒時已才華畢露，年僅 15 歲加入
了阿根廷球隊小阿根廷人，平地一聲雷，破天荒
獲得入住球隊安排的公寓，距離訓練場只需 10 分
鐘路程，這種待遇在當年球壇，恐怕連一線球星
也未必享有。

「為何想做職業足球員？我只想買大房子給
家人。」這是他的初心。足球場是夢工場，名與
利來時，從來不會預告，他在 1981 年改投班霸
小保加，閃電征服人心，一年後打破世界轉會費
紀錄，以 760 萬美元登陸歐洲足壇，下一站是巴
薩。當代球王梅西自巴薩出道，一馬平川，惟當
年的 Maradona 發展不盡人意，終在 1984 年仲
夏孤注一擲，轉投義甲中型班那不勒斯，轉會費
以 1000 萬美元再次刷新世界紀錄。

當年的私人教練 Fernando Signorini 這樣
解讀他：「我嘗試把他看成兩個人，一個是 Diego，
一個是 Maradona。」1984 年 7 月 5 日，8.5 萬
名球迷湧進聖保羅球場，歡迎心目中的超級英雄
到來，場面壯觀，但在首個記者會上，一名記者
公然質疑黑道中人 Camorra，即時遭到驅逐離場。

原來球隊財力有限,前一個賽季捲入了降級漩渦,
忽然拿得出這筆巨款進行交易,難免被認為是藉
此「淨化」鈔票。

那不勒斯代表義大利足球的南部力量,也是
全國最貧窮的城市之一,當地人被視為二等公民,
敵對球迷更會在標語上「鄉巴佬」,Maradona 很
快獲得粉絲膜拜。第二個賽季,他帶隊打敗歐洲
冠軍尤文,主場欣喜若狂,看台上五人暈倒,兩
人心臟病發送院。第三個賽季,球王現真身,遇
神殺神,終以三分力壓尤文奪得隊史首座聯賽錦
標,慶典匪夷所思地持續了兩個月之久!

彼時,Maradona 已被神化,每家每戶都把
他的照片掛在牆上,旁邊就是耶穌的肖像,為他
抽血的護士偷了一樽樣本,擺在教堂供奉,可見
那不勒斯人有多愛他。同一時間,其他城市的人
對他的恨也成正比例增長,這部紀錄片沒打算迴
避黑暗面。他會教自己的小孩說髒話,成名後與
青梅竹馬的女友相戀,非常顧家,但也背叛了她,
令妹妹的朋友懷孕,30 年來拒絕承認私生子。

1986 年世界盃四強，阿根廷大戰宿敵英格蘭，球王用「上帝之手」把皮球拍入網窩，形容為「上帝所為」。隨後，他施展「以一敵六」的盤扭妙技，射入世紀金球，領軍險勝 2:1 殺入王者之戰。「上帝，感謝上帝，感謝 Maradona！」直播的足球評述員歇斯底里地高呼。

　　人無完人，當年他不介意被拍攝與黑道中人同桌吃飯，連真槍也放在桌上。他出入由黑幫保護，被慫恿吸食毒品，埋下墮落的伏筆。當球隊於 1989 年掄元歐協盃後，他想離開，卻被時任主席拒絕，兩人後來化干戈為玉帛，1990 年再奪義甲冠軍。可憐的是，他在毒海迷失了方向，回家後把自己反鎖在浴室，怕被小孩看見失去理智，片中更拆解他如何逃避藥檢……

　　一年後，警方公開對 Camorra 的監聽，發現球王已成為「毒王」，遂被重罰停賽一年。「我來的時候，有 8.5 萬人歡迎我，離開時，我只是獨個兒走。」關於球王的上一齣紀錄片在 2008 年推出，但評價一般，因內容隱惡揚善，而這一部則重新整合了大量鮮為人知的素材，Kapadia 說：

「他的前妻、孩子、教練、自傳作家等看過，都說拍得比本人所說的更真實。」

（2019 年 11 月）

# 美洲盃不可不知的 20 件事

　　拉丁美洲足球文化，我們未必懂，懂的也未必明白，明白的也未必理解到箇中奧妙，有人認為美洲盃的賽制演變和籌備功夫有點馬虎了事和隨心所欲，但正是這一份「隨意」使賽事變得奇趣，劇情的發展出人意表，以下是百年美洲盃 21 件不可不知的大事，必定讓你高呼過癮，嘖嘖稱奇！

## 1.三年後見

　　為了紀念南美足聯百年誕辰，繼 2015 年之後，今年再次舉行美洲盃，亦是賽事史上第一次在南美洲以外的國家上演，除原來的 10 支南美隊之外，還有 6 支中北美洲地區球隊，包括勁旅墨西哥和東道主美國。然而，下屆賽事並不會因而順延至 2020 年，而是在 3 年後與球迷重逢，已敲定回到里約奧運會東道主巴西上演。

## 2.球王遺憾

　　巴西球王比利球員時代贏盡榮譽，總共 3 次成為世界盃冠軍，偏偏世事弄人，居然從來沒得過美洲盃，但曾在 1959 年踢進 8 球榮膺射手王，當時年僅 17 歲。

## 3.安全為上策

上屆東道主智利為了提高球場的「安全系數」，決定採取嚴格的禁令，所有進場的球迷不得攜帶鼓、大型橫幅，避免成為毆鬥武器，甚至禁止球場內販賣酒精量飲料，一反南美傳統看球習慣。

## 4.死忠粉絲

2007 年，阿根廷在決賽面對宿敵巴西，互射 12 碼失落冠軍，回國時備受冷落，機場上只有 7 名支持者接機，橫額上寫了「愛你，恨你，這就是愛。」

## 5.打破宿命

一年前的美洲盃，僅餘下委內瑞拉、智利和厄瓜多沒能贏過冠軍，結果主隊智利打破宿命，填補歷史空白，一洗史上落敗次數最多的臭名(81 場)。

## 6.八朝元老

1968 年 出 生 的 前 厄 瓜 多 中 場 Alex Aguinaga 於 2004 年披掛上場，與前烏拉圭前鋒 Angel Romano，成為史上僅有兩位八朝元老，相信美洲盃改為四年一屆之後，肯定後無來者。

### 7.紅牌之王

巴西是世界盃領紅最多的國家，但美洲盃的「紅牌之王」卻是烏拉圭，總共被罰了 30 面紅牌，而秘魯和阿根廷就以 22 面並列第 2 位，巴西累計被罰 20 面排名第 4 位。

### 8.骯髒天使組

1957 年，阿根廷鋒線無堅不摧，三叉戟由 Antonio Angelillo、Humberto Maschio 和 Omar Sivori 組成，被譽為「骯髒天使組」。Maschio 在 6 場比賽均能破門，總共踢進 9 球，而 Angelillo 及 Sivori 分別踢進 8 粒和 3 粒，其後 3 人被義大利球隊收購，國家隊拒絕在之後的世界盃徵召 3 人。1962 世界盃，「骯髒天使組」終能出征世界盃，但卻代表義大利國家隊。

### 9.出席率最高

美洲盃史上，出席率最高的球隊是烏拉圭，總共 40 次參賽，亦以 15 次奪冠成為王者之王；阿根廷以 38 次參賽排名第 2，第 3 位是 35 次參賽的智利，而巴西只是排在巴拉圭之後，排名第 5，總共出席 32 次。

## 10.青蛙王子

智利守門員 Sergio Livingstone 外號「青蛙」，由 1941 年至 1953 年，總共在美洲盃上場把關 34 場，至今保持最多上場紀錄，無人能破，並在 1941 年當選賽事最佳球員，成為首位門將獲得此殊榮。

## 11.唯一烏龍

1917 年，智利國腳 Luis Garcia 面對阿根廷時，送了烏龍球，把皮球送進自家大門，使球隊以 0：1 吃敗仗，成為美洲盃史上第一粒烏龍球，更是國家隊在那一屆賽事的唯一進球，面子掃地。

## 12.大屠殺

1927 年那一屆曾經出現場均 6.17 球的驚人紀錄；進球率最低的一屆發生在 1922 年，當時每場比賽場均產生 2 球。美洲盃史上最大的勝仗發生在 1942 年，當時阿根廷大開殺戒，瘋狂屠殺烏拉圭 12：0。

## 13.踢兩場便奪冠

烏拉圭於 1987 年的賽事中，只踢兩場比賽便奪得冠軍，因為當時的賽制，烏拉圭以衛冕身

份直入四強，而另外三強則經過小組賽晉級。結果烏拉圭接連於四強擊敗阿根廷及決賽擊敗智利而奪得冠軍。

## 14. 國小記者團

2001 年，一名哥倫比亞小學體育教師愛足球如命，決定別具創意地給五年級國小學生一名「課後作業」，那就是收集美洲盃的全部資料，所以當時在球場內外出現了一群「聲勢浩大」的國小採訪團。

## 15. 走為上著？

哥倫比亞是南美洲治安最差的國家之一，2001 年作為東道主時，兩大南美傳統勁旅四強不進，巴西在小組出線後被宏都拉斯淘汰，阿根廷更在 C 組開賽前以「安全受威脅」為由臨時退出，走為上著。結果，原來有機會欣賞阿根廷比賽的麥德林球迷，居然向政府建議把新建成的垃圾站改名為「阿根廷」，諷刺對方行為太垃圾。

## 16. 爭地盤

足球永遠離不開政治，2011 年東道主阿根廷美洲盃總共上演 24 場比賽，即使全國最大的 10

個場館，7 個座落在布宜諾斯艾利斯，但首都竟
然只能舉行一場決賽，令人匪夷所思。原來，首
都的市長是反對派兼前博卡青年主席，因此總統
決定把決賽資格交給博卡死敵河床。

## 17.藍武士退賽

2011 年美洲盃原本獲邀的藍武士日本，因國
內發生了地震和海嘯的大災難，決定退出，位置
由哥斯大黎加頂替，無緣繼 1999 年之後第 2 次
以嘉賓身份出戰。

## 18.撩菊之手

智利後衛 Gonzalo Jara 在八強戰面對烏拉
圭時，作出不君子行為，居然從後對 Edinson
Cavani 作出「撩菊」動作；Cavani 被挑釁後情
緒失控，因報復行為而領紅牌離場，Jara 即使沒
有被在場裁判目睹，但事後被追罰 3 場和罰款
7500 美元，提前緣盡賽事。

## 19.爭議人物

上屆分組賽第 2 場，智利對墨西哥打成 3:3，
全隊翌日獲休假一天，比賽上兩射一傳的比達爾
遲到，原因是之前涉嫌醉酒駕駛發生交通意外，

導致法拉利跑車嚴重損毀，幸好車毀人無恙。比達爾被拘留一個晚上後獲釋，總教練 Jorge Sampaoli 以大局為重，並沒有下達「驅逐令」，這位大將亦不負所託，領軍奪魁，當選決賽最佳球員。

## 20.沒獎(「梅」獎)

上屆賽事的最有價值球員獎項懸空，盛傳是個性十足的阿根廷巨星梅西，對亞軍的成績感到悶悶不樂，遂拒絕接受大會頒發的獎座，導致名單上離奇「留白」。

（2016 年 5 月）

# 英超球星的瘋狂世界

　　「以前人們在球場上看到我，覺得我不像一名足球員，」曾效力利物浦和熱刺的長人中鋒Peter Crouch，代表英格蘭42次，很有自知之明，也懂得自嘲之道，「到現在，我還是不像足球員。」他的新書《How to Be a Footballer》大爆英超秘聞，推出不久，已引起輿論高度關注。

　　自從上學開始，Crouch就經常被同輩嘲笑，遇過校園欺凌事件，成就了今天「百毒不侵」的個性；第一次在正式比賽上陣，身高6呎7的長人被熱刺借到業餘球隊，遭敵對球迷揶揄：「你是怪胎。」他加盟女王公園流浪者後，有一次比賽中場休息時，發現了看台的父親與多名球迷正面衝突，球迷諷刺兒子的身材不適合踢球，父親說兒子的技術比很多矮個子還好。

　　原來矮個子被取笑，高個子一樣會被取笑。「當你從小就被人嘲笑，然後一路上會得到好心人伸出援手，這些經歷令我活得比人快樂，英國球圈的人實在把自己看成是宇宙中心。」21年過去，Crouch沒必要再去證明什麼，加上樸茨茅斯、阿斯頓維拉、南安普敦等總共踢了700多場比賽，

拿過足總盃冠軍，也試過參與歐冠決賽，並為國家隊出戰過兩屆世界盃，37 歲還效力斯托克城，比起一些天才球員的職業生涯更圓滿。

他的妻子是電視辣妹 Abbey Clancy，曾經是英超女神，現在是女神級媽媽，已為他生了 3 名小孩，夫復何求？戀情的起點始於利物浦，Abbey 當時是酒吧侍應，對足球毫無興趣，12 年後的今天，依然對足球所知甚少，經常在比賽日問丈夫，到底去了哪兒。「我負責選擇斯托克城更衣室賽前音樂，用手機播放，當我手機響起，音樂停了，隊友都在等著她掛電話，哈哈！」他沒有半點尷尬，顯然已接受事實。

言歸正傳，為何想到推出非自傳式的新書？「我希望外界看到除了比賽之外，足球圈的真實一面。」Crouch 書中提到前斯托克城隊友 Jermaine Pennant：「他加盟後幾星期收到前東家薩拉戈薩的電話，問他是否忘了停在訓練基地外的跑車，恐怕世界上只有球星會忘記自己的保時捷，那不是玩具車！」Pennant 像很多球員一

樣到處有紋身，但長人一處紋身也沒有，原來是擔心青少年模仿自己。

Crouch 的出身與很多年齡相近的隊友不同，出身自中產家庭，父親是廣告公司高層，小時候移居西倫敦前，曾住過新加坡 3 年，如非足球，他認為自己會子承父業。11 歲左右，他參加私立學校的入學考試，可惜沒能合格，很多英國私立學校規定學生要練習欖球，若走了另一條路，足球未必會陪伴他到今天。

足球彷彿與夜店斬不斷、理還亂，他還在熱刺青年軍時，隨隊作客賽普勒斯，比賽後就跟隊友一起去搖滾音樂的夜店，一起搖擺，他內心嘀咕：「為什麼我不喜歡這兒，其他人都很享受，但很清楚自己不快樂。」返回英國前，隊友再去另一夜店，他說自己先回酒店，堅持做回自己從來不容易。

2005 年，長人由南安普敦轉投利物浦，年僅 24 歲入選國家隊，為此購買了一輛阿斯頓馬丁獎勵自己，內心卻咒罵自己是 son of the bxxxx。他在曼徹斯特遇到曼聯中場 Roy Keane，趾高氣

揚地用食指指向他，但 Keane 沒反應，搖搖頭，望向前方，頭也不回地走了。「上帝最誠實，我看著他，想著他知道我是誰。」Crouch 覺今是而昨非，一星期後把跑車賣掉。

在他眼中，英超球星過著樣板式的富人生活，跑車、美女、紋身，擁有一個橘子果園的豪宅，而不知道橘子果園是甚麼；擁有一個高爾夫球場的豪宅，而從來不打高爾夫球；擁有一個私人影院的豪宅，卻不會同家人一起看電影。「我們像小飛俠，永遠都不用長大，脫離了正常人的生活，如果你要搬家，球隊會派人接你，幫你解決所有問題。」他苦笑道。

「英超錢太多，太瘋狂，球員來自世界各地，生活很亂。」他形容前南安普頓隊友 Jelle Van Damme，為人無比自大，開著一輛悍馬四驅車，車身異常龐大，「有些停車場停不了，那是打仗使用的汽車。」他在利物浦更衣室內，碰到法國射手 Djibril Cisse 使用免提功能，但同時一隻手拿聽筒，另一隻手拿話筒(把手機連接到仿古董電話)，「那何必用免提呢？」


201

　　Crouch 在紅軍經歷過 4 個月進球荒，迫不得已停止看報紙和電視，但父親硬把他拉去酒吧，「真是有幫助，我們大笑一場，然後忘記之前的比賽。」2006 年，這位樂觀主義者射破匈牙利的大門，跳出為人津津樂道的「機器人舞」，甚至答應亮相 Dannii Minogue 的 MV。

　　寧得罪君子，莫得罪保安，對球員來說，球場保安是世界上最坦白的人。「他們通常是球隊的忠實粉絲，只有他們願意反映最真實的意見，甚至可說是推心置腹。」Crouch 扮演斯托克城的後備殺手，2016/17 賽季英超上陣 27 場射進 7 球，進球率不俗，但深明球員時代進入了倒數階段，「我已隱約見到大結局，我們每日都是做同一件事，現在明白為何球員退役後人生大亂。」球迷大可放心，Crouch 絕對不會自尋短見，其金句之一是被問到如非足球員，他想做甚麼時，其答案是「處女」。

（2018 年 9 月）

假如他們是《天人交戰》

　　囊括奧斯卡 4 個獎項的《天人交戰》( Traffic )，由一起車禍開始，交織出耐人尋味的故事。如果我們要選一部電影代表義甲升級馬史帕爾，實非《天人交戰》莫屬。

　　如果有人把史帕爾的重生故事拍成電影，結尾字幕就必須感謝幾個人，包括總教練 Leonardo Semplici、體育總監 Davide Vagnati、主席 Walter Mattioli、兩位老闆 Francesco Colombarini 和 Simone Colombarini。足球場也是夢工場，當史帕爾宣佈升級時，Colombarini 家族獲得獨一無二的榮譽——歷史性把業餘足球隊帶上義甲，前無古人。更令人驚訝的是，他們只是花了短短 4 年而已。

　　在一百一十年前，天主教神父 Pietro Acerbi 在義大利北部小鎮費拉拉創辦了藝術論壇，史帕爾就是分支之一，及後到 1913 年成為獨立營運的體育俱樂部，當中有田徑、自行車及足球。幾十年時光轉眼便過，足球隊曾經擦出燦爛花火，搭上全國經濟高速增長列車，1951 年升上義甲角逐，史帕爾整整留在義甲長達 15 個賽季，終在 1968 年降級。

義甲小球會通常是球星跳板，史帕爾也不例外，曾出產過 Fabio Capello（前尤文圖斯中場、執教過皇馬馬德里和英格蘭）、Armando Picchi（前國際米蘭後衛、執教過尤文圖斯）、Edy Reja（前巴勒莫中場、執教過拉齊奧）及 Alberto Bigon（前 AC 米蘭中場，執教過拿玻里）等名將，巧合地他們在教練舞台都能綻放出不同的光茫。球隊在 1959/60 賽季獲得史上最佳戰績，排名義甲第五，可一不可再。同時不得不提 1962 年的大日子。當年 5 月 31 日的義大利盃四強，史帕爾主場迎戰老婦人尤文圖斯。戰況充滿戲劇性，史帕爾完全控制戰局之下，爆冷大勝 4:1。可惜在決賽負於拿玻里，未能成為第 2 支奪冠的義乙球隊。那時候，年輕的 Francesco Colombarini 與足球扯不上關係，只是與父親在街頭售賣冰淇淋為生。及後他們成立了一家公司，主要是生產聚脂樹脂玻璃，直到 1968 年發生了類似《天人交戰》的「車禍」，命運從此不一樣。

　　義大利社會衝突加劇，年輕人 Mattioli 與朋友在費拉拉附近的小球隊踢球，夢想是穿起史帕爾球衣，奈何能力有限，多年來只是一名不折不扣的三流球員。如前文所述，1968 年是史帕爾降

級的悲痛一年，巧合地，那年也是 Colombarini
家族邁入新時代的一年。這邊廂，家族生意愈做
愈大，並成為跨國企業，更可說是義大利最成功
生產商；另一邊廂，史帕爾不斷在「地獄界」輪
迴，義乙、義丙到義丁，終在 2012 年宣佈破產。

　　Colombarini 家族紮根於 Masi San
Giacomo，於上世紀八十年代末贊助地區球隊
AC Giacomense，所在地只有 400 多名居民，而
領軍人物就是鬱鬱不得志的 Mattioli。
Colombarini 家族把生意之道帶進足球圈，球隊
在業餘聯賽打好基礎後，花了 20 多年躋身義丙
聯賽。陰錯陽差，若非史帕爾破產，便有機會與
AC Giacomense 在義丙歷史性交鋒。

　　史帕爾在業餘聯賽艱苦度日，經濟拮据，拖
欠薪水，球員公開投訴。壞新聞令球隊的名字再
次出現在報紙，2013 年 7 月，時任費拉拉市長
請求科隆巴里尼家族出手，拯救奄奄一息的史帕
爾，不久雙方達成協議。Colombarini 同意收購
「史帕爾」的大名，隨即把 AC Giacomense 易
名為史帕爾，並遷到費拉拉。

世事難料，年輕時被史帕爾請吃閉門羹的
Mattioli，想不到藉這個機會圓夢，被委任為主席，
並聘用前球員 Vagnati 作為體育總監。事後證明
這是明智之舉，自 2015 年之後，史帕爾參加的
每項賽事都能奪冠升級。他們的球迷過了很多年
苦日子，早已淡薄名利。當外資入侵義大利足球
時，他們仍然由傳統義大利家族掌舵，Mattioli 更
是一名經常走進群眾的主席。截至第 26 輪，史
帕爾僅得 4 勝，排名第 18 位，祝他們一路順風，
成功保級！

（2017 年 7 月）

# 假如羅馬城聽不到狼嘷

　　自古紅顏如名將，不許人間見白頭。狼王托蒂（Totti）自從 13 歲加入羅馬，不經意踏入了第 27 個年頭，踢進 300 球，多年來甘願只作義大利首都的唯一傳奇。試問人生有幾多個 27 年，一生青春奉獻給你，已勝萬語千言，但本賽季在重遊舊地的總教練 Spalletti 逐出訓練場，意興闌珊，主席柏路達（Pallotta）甚至直白的說：「希望他下賽季升上管理層。」你是托蒂，又會如何抉擇？你是教練，又會如何取捨？

　　39 歲老將托蒂傷癒後，在上賽季長期與冷板凳為伍，引起大批球迷怒氣衝天，分別在訓練場和主場比賽抗議，矛頭指向 Spalletti 和 Pallotta。然而，羅馬易帥後重返勝軌，戰至第 29 輪，取得 8 連勝回到三甲位置，重燃下賽季的歐冠希望，看來總教練的「逆民意」決定並非大錯特錯，也可能是撥亂反正的真正原因。

　　屈指一算，狼王由青年軍升上一隊長達 22 年，雖然僅贏過一次義甲冠軍，但超級英雄的形象深入民心，亦是義大利勇奪 2006 年世界盃的功臣之一。巴薩巨星梅西（Messi）去年熱場賽與托蒂交鋒，賽後連忙 selfie，把照片分享到 Instagram，

大讚對方是「一代宗師」，並得到超過 180 萬個
like。我們就由狼王傳說的開端說起。

　　1993 年 3 月下旬的義甲聯賽，羅馬當時以
2:0 領先布雷西亞，終場前 5 分鐘，教頭 Boskov
轉身看著板凳說：「快點去熱身，你準備上場。」
豈料，托蒂不動如山，誤以為主帥呼喚身旁的 22
歲前鋒 Muzzi，「那一刻，我來不及反應，所以動
身了 10 秒，便要踏進球場，碰了幾下皮球，但那
感覺實在太幸福。」夢想終於成真，小王子完成
一線隊處子作，至今累積 750 場上陣紀錄，5 度
當選義大利足球先生，義甲歷史進球榜僅僅屈居
在傳奇 Piola 之下，成就斐然。

　　神偷劫走了歲月，但劫不走歷史。出身小康
之家的小王子，來自左鄰右里守望相助的美好年
代，父親是銀行職員，母親是典型義大利主婦，
住處被拉丁風格傳統建議包圍，每天控著球穿插
在大教堂、大劇院和橫街窄巷之間，父母記得托
蒂只有 9 個月時已懂得走路。4 歲那年全家人到
海邊小鎮度假，老父好奇地問問一班年約 7、8 歲
的小孩子，能否與其兒子一起踢球。一名孩子回
答：「他的年紀太小，我們害怕弄傷他。」可是，

穿起 4 號球衣的托蒂，不僅沒有弄傷自己，更令在場的小孩子嘆為觀止。

　　童年時，影響小王子最深的不是爸爸，而是「狼媽」Fiorella。托蒂父母的家教極嚴，但母親常對膝下兩名兒子寄語：「我不會要求你們考進名牌大學，考試取得 100 分，或者要成為醫生、律師，而是做一個心境祥和的人，就夠了。」小王子由 10 歲至 13 歲效力地方小球會 Fortitudo、Smit Trastevere 和 Lodigiani，母親都會陪伴左右，星期日例必帶兒子到教堂參加彌撒，下午就探望祖父母。

　　Lodigiani 時任主帥 Neroni 憶述舊畫面：「家庭塑造了托蒂的性格，他的父母都是循規蹈矩的人，謙遜而嚴肅；平日踢球時，托蒂說話不多，但突然間就會挺身而出進球。」世事很玄，小王子當年差一點點就被 Lodigiani 賣給羅馬同城死敵拉齊奧。不過，他們整個家族都是羅馬粉絲，「狼媽」絕不罷休，獲悉球會的行動後，馬上衝到訓練場阻撓交易，並讓羅馬青訓主管有機可乘，才能寫下今日的「狼王傳說」。

短短一個月，托蒂閃電征服 U13 和 U14 組別的賽事，遂被「非法」連升兩級到羅馬 U15，年僅 15 歲已經率領 U17 贏得聯賽錦標，「神童」之名，不請自來。1993 年 3 月，羅馬 U20 迎戰阿斯科利，小王子梅開二度，半場休息時被換出，原來是一隊教練 Boskov 看過比賽後，急急召他登上隊巴，一同前往布雷西亞。那場比賽被托蒂換出的前鋒 Rizzitelli 憶述：「他是一個與別不同的小孩，性格倔強，好勝心強，大家都放心把皮球送給他。」如果說 Boskov 是狼王的貴人，Mazzone 便是真正的伯樂。

　　在 Mazzone 麾下，托蒂的上陣時間慢慢由 10 多分鐘，增到 30 分鐘，一點一滴累積比賽經驗，兩人場內場外情同父子。這時候，Mazzone 知道手上擁有一塊寶玉，但又怕「年少成名、鋒芒太露」，於是一直採取保護政策，「我已同球隊說明，誰人敢在媒體面前吹捧托蒂，誰就跟我過不去！」

　　「比賽後我跟他說，你先去洗澡，我來應付記者。」1994 年 2 月，Mazzone 首次讓托蒂正選披甲面對桑普多利亞，處子作光芒乍露。就像世間上很多特立獨行的天才，托蒂曾與另一總教

練 Bianchi 鬧翻，導致後者親自到時任主席 Sensi
的辦公室叩門說：「一是留下他，一是留下我。」
結果，Bianchi 輸給了小王子。Sensi 在 1997 年
冬天獲悉桑普多利亞有意收購托蒂，孤注一擲下
令易帥，聘用進攻足球主義者澤曼（Zeman）接
掌帥印。

　　托蒂得到象徵靈魂人物的 10 號戰衣，一年
內擢升為隊長，並以 22 歲之齡刷新義甲最年輕
隊長紀錄，正式踏上平步青雲的光輝歲月。巧合
地，上一代羅馬王子 Giannini，當年曾同托蒂成
為室友，他謂：「我看見他，看到自己的影子，我
跟他的父母很熟稔，還記得當時他想用薪水買第
一輛車，選中大眾高爾夫 GTI，而他的父母心急
如焚打電話給我，哈哈，我告訴他們，年輕時我
買的第一輛車是賓士！」

　　托蒂的進攻天賦在澤曼領軍被激發出來，頭
兩個賽季主要擔任 4-3 陣式的左翼鋒，1998 年
11 月的首都內戰，他踢進扳平的進球，今時今日
已成為羅馬德比射手王。澤曼認為狼王在邊路的
威脅更大：「他踢中路的話，經常惹來犯規，翼鋒
位置令他擁有更多空位，無論甚麼位置，他對位
置不會抱怨。」3 年後，托蒂領軍拿下隊史第 3

座聯賽冠軍，一圓等待 18 年的夙願，而當時的總教練則是 Fabio Capello。

Capello 擁有夢寐以求的強大陣容，防線上是前世界第一右後衛 Cafu、巨石 Walter Samuel 和經驗豐富的中後衛 Aldair；中場線是日本國寶中田英壽、巴西中場 Emerson、工兵 Damiano Tommasi、年輕的 Daniele De Rossi；進攻線上則有托蒂、「小飛機」Vincenzo Montella 和「戰神」Gabriel Batistuta，三叉戟包辦 68 個聯賽進球的 47 球。別忘了，替補鋒線上也有壞孩子 Antonio Cassano、機會主義者 Abel Balbo 和偶有神來之筆的 Marco Delvecchio。「托蒂是我遇過最佳的搭檔，你不需要跟他說太多，他知道你下一步會出現在甚麼地方，下一個動作是甚麼，沒有人能複製他的助攻，突破能力、引球組織、精準傳送，別說敵人，連我都眼花繚亂。」Batistuta 對昔日隊友讚不絕口。

冠軍保不住 Capello 的帥位，2003/04 賽季中段，他在整支球隊面前與托蒂發生激烈衝突，矛盾隨著媒體無限放大，逐漸升上水面，狼王批評對方不懂如何釋放 Cassano 放進攻擊體系。Capello 的結局 Bianchi 同出一轍，這一次易帥

對托蒂的意義可能比羅馬更大。Spalletti 來到羅馬的第二個賽季，人們認為 30 歲的狼王江郎才盡，日落西山，早已從高峰滑下來。光頭主帥執教的四個賽季，球隊雖然在聯賽功虧一簣，3 次屈居亞軍，但也拿下兩次義大利盃，更重要是一次戰術小革命的誕生。

2005 年 12 月，首都狼迎擊桑普多利亞，適逢陣中 3 名箭頭全部受傷，Spalletti 遂把托蒂安放在中鋒位置，但作用上卻不是青年軍時期的角色。狼王是 9 號半的姿態出現在鋒線上，既要突破，亦要組織，頻頻後撤，讓 Mancini、Rodrigo Taddei 和 Simone Perrotta 插入敵人的防線，4-6-0 陣式機緣巧合下演變而來，球隊更豪取 11 連勝創造義甲新紀錄。「托蒂是世上最佳球員，隊友把皮球傳給他，比存進銀行的保險櫃還加穩陣。」Spalletti 也許已忘了當時的言論。

天有不測風雲，托蒂在 2006 年 2 月嚴重腳踝傷勢，導致世界盃前景籠罩陰霾。狼王搭上了末班車，踢了天藍軍團全部 7 場世界盃比賽，幫助球隊第四次稱霸世界，收穫 4 次助攻，包括淘汰賽首輪對陣澳洲射誰絕殺十二碼，並入選最佳陣容。可是，義國媒體依然口誅筆伐，托蒂垂頭

喪氣表示:「對不起,我不在自己的最佳狀態。」乘著世界冠軍一時無兩的氣勢,狼王在 2006-07 賽季留下職業生涯的代表作,各項賽事狂轟 32 球,交出 15 個助攻,榮膺歐洲金靴獎得主。要知道,絕代雙驕梅西和 C 羅出現之前,托蒂的進球和助攻數字簡單是匪夷所思。

事實上,托蒂的 300 個進球之中,多達 145 球是年過 30 後之後踢進,比起英格蘭傳奇中鋒 Shearer 的 84 球和義大利神奇小辮子 Baggio 的 80 球多了 6 成。2014 年 9 月,狼王剛慶祝 38 歲生日,便在作客曼城時單挑擊敗英格蘭一號門將 Hart,改寫歐冠聯最年長進球紀錄。托蒂在高峰時期拒絕了多支勁旅挖掘,包括曼聯和皇馬,堅持城池,代表著羅馬精神,一口濃濃的方言口音像台灣人說台語。時光壞人太無情,他在本賽季義甲出場次數仍然停留在個位數字,幾可肯定創下自 1994/95 賽季以來新低,難道已到王子謝幕時?

今年與 Spalletti 爆發矛盾前,狼王原來已答應降低 450 萬歐元年薪,準備簽下兩年新合同,但事件令多方陷入膠著狀態。老闆改變主意,希望隊長退下來加入管理層,甚至直截了當說:「我

們存在分歧，他想去邁阿密踢球，但邁阿密仍沒有球隊參與美職聯，我是希望見到下賽季他成為管理人員。」狼王傳說會用甚麼方式落幕呢？托蒂不喜歡閱讀，曾經笑言一生人只能完整地讀過一本書，「別叫我看書，看兩頁也會頭疼。」那本書叫《小王子》，如今小王子變成老王子，每次看書依舊頭疼，但臉上的皺紋和頭上的白髮，便是羅馬城的歷史書。

（2016 年 8 月）

# 現代歐洲戲劇
## ——偶像・英雄・傳奇

　　足球在台灣像苔蘚生長在隙縫中，幾經艱辛，《足球王者》第四期終於誕生，你現在把它捧在掌心，感激盡在不言中。揭開本書時，2012/13賽季歐洲主要聯賽已經風煙四起，白先勇講過他的文章離不開「生老病死、戰爭愛情」。沒錯，這個歐洲新賽季的看點就是偶像劇預告，糅合了戰爭愛情，生老病死，此七部好劇不容錯過，也許閣下心有所屬，但偶爾看看別的故事，說不定產生新的體會：

　　《幸福三顆星》

　　《天使的幸福》

　　《原來我不帥》

　　《惡男日記》

　　《給愛麗絲的奇蹟》

　　《巔峰時代》

　　《愛情與麵包》

## 《幸福三顆星》——魔鋒重組衝「城」門

奪得最多英格蘭頂級聯賽的曼聯，上賽季最後 6 輪坐擁 8 分優勢，結果自毀江山，最後 4 場僅贏一場，把冠軍拱手相讓給同市死敵曼城，蘇格蘭王弗格森（Alex Ferguson）捲土重來，自然要坐回英超第一的寶座，難得美國老闆格雷澤家族扭開了水頭龍，給球隊添置閃亮的星星，紅魔拿到民視的《幸福三顆星》，香川真司、魯尼（Wayne ROONEY）及范佩西（Robin VAN PERSIE）組成嗜血鐵三角。三位一體‧魔力無邊！

上賽季英超神射手范佩西為了追求職業生涯的個人成就，不惜背負「猶大」之名離開兵工廠，加入紅魔大本營，妻子因而受到死亡威脅。初到貴境，「冰之子」就上演帽子戲法，證明身價物有所值，只可惜魯尼受傷一個月，兩大球星無緣在季初培養默契，共存問題延遲再談；同是新到的香川真司，當選曼聯 8 月最佳，得票率近 6 成，人氣高企，亞洲球迷都希望東瀛小天王，能夠站穩一席主力位置，為紅魔帶來進攻新動力，層次

更多元化。放走瀟灑哥，實屬意料之內，影響有限。

　　這個賽季，隊長維迪奇的復出使防線安全指數上升，兩位元老吉格斯和斯科爾斯的冠軍經驗，在關鍵時刻起到舉足輕重的作用，替補殺手維爾貝克和小豌豆，鋒線變化多端，最大希望是中場弗萊徹病情好轉，而克里維利亦能減少受傷，那麼挑戰歐冠也非空談。

　　猶記得 1999 年歐冠決賽補時逆轉拜仁，弗爵爺說了一句「Bloody Hell」，范佩西再度考驗老人家的心臟，第 3 輪對南安普頓逆轉 3:2，這是爵爺的千場聯賽盛宴，我們有幸見證一個永垂不朽的傳奇。經歷所有磨難之後，《幸福三顆星》內的少成和朵朵有情人終成眷屬，少成在事業上登上頂峰，弗爵爺也想看到這個 happy ending。

## 《天使的幸福》——曼城大門敞開

　　自從阿布扎比財團入主之後，曼城大門，門常開，進進出出，人來人往，能夠真正打上主力的又有幾人？由劉詩詩和明道主演的《天使的幸福》，儼如訴說義大利籍主帥曼奇尼（Roberto Mancini）的心聲，執起星光熠熠的陣容，幸福滿溢，比起電玩更緊張刺激。

　　2010/11 賽季，曼城開始有收穫，贏得球隊 44 年來第一座冠軍——足總盃；上賽季，曼奇尼帶領球隊榮獲第一座英超獎盃，直到最後一輪，戲劇性驚險壓倒死敵曼聯，中東燒錢逾 4 億鎊後得償所願。為了冠軍賽季，曼城發行了一本名為「原味冠軍」（Champions Uncut）的新書，詳細記錄 2011/12 賽季的點點滴滴，高低起落，書中具有獨家拍攝的照片，從未曝光，若你是死硬派粉絲，記得收藏一本冠軍之書。

　　今年夏天，球隊的舉動較上兩季沉寂，等了一段日子才斥資 1,300 萬鎊收購英格蘭中場羅德維爾（Jack RODWELL），出售了亞當詹森、阿德巴約、德容等冗員；轉會窗最後一天，球隊忽然殺出來瘋狂搶購，吃掉辛克雷爾（Scott

SINCLAIR )、麥孔( MAICON )、哈威加西亞( JAVI GARCIA )、塞爾維亞中衛納斯塔西奇 ( Matija NASTASIC ) 及門將賴特 ( Richard WRIGHT )，24 小時劫走 5 人之多。

不過，夏天收購中，大都鞏固板凳陣容為主，並沒有改變骨幹結構，麥孔及羅德維爾氣是爭奪正選的新援，而曼奇尼接手完成英超百場里程碑，順利獲勝，得勝率超過 6 成，成績表及格有餘，亦高於其教練生涯的平均值。

季初，曼城一改作風，失球不少，火力強大，以攻為守，曼奇尼承認有所不足，並謂：「阿奎羅 ( Sergio AGUERO ) 上季打進了重要的非常重要的進球，沒有他，或許曼城主帥已是另一人。我們賽季最後一秒才贏冠軍，這是足球的魅力所在，我希望曼城再奪英超，但小夥子要注意防守，目前後防表現不太理想。」不幸的是，繼上季歐冠小組賽出局之後，曼城再被編入死亡之組，同組對手有西甲冠軍皇家馬德里、荷蘭冠軍阿賈克斯和德國冠軍多特蒙德，實在左右為難，布滿荊棘。

曼奇尼是幸福的主帥，本季最希望同胞巴神能像安傑羅，重新找回住在心扉的天使，覺今是而昨非。

## 《原來我不帥》－－熱刺貌合神離

由網路小說改編而成《原來我不帥》，08 年衛視中文台播映，應該是熱刺鐵桿粉絲給自己的最美勉勵詞。如果你還在夢中，是時候醒過來，熱刺的確是不帥，當你愛上她時，好的壞的就該照單全收。

幾經波折，克羅埃西亞攻擊中場莫得里奇，終以 3,000 萬歐元上「馬」，只不過時間來得不太妥當，葡萄牙新帥博阿斯( Andre Villas--Boas )也暗批管理層辦事不力，「要離開的始終要離開，只是時間晚了一點。」

緊張並非空穴來風，他在倫敦跌下來，渴望在倫敦起來，不成功，便成仁，莫得里奇罷操罷踢，對士氣或多或少也有負面影響，且賣人之後也不夠時間部署收購其他目標。球隊趁機同皇馬簽下合作協議，盛傳當中包括威爾斯快馬貝爾（ Gareth BALE ）來年夏天的優先購買權，信不信由你。

熱刺官方宣佈藍儂( Aaron LENNON )續約，直至 2016 年，收購了西古德森（ Gylfi

SIGURDSSON)、威爾通亨（Jan VERTONGHEN）、登貝萊（Moussa DEMBELE）、洛里斯（Hugo LLORIS）、鄧普西（Clint DEMPSEY），同時買斷阿德巴約（Emmanuel ADEBAYOR），總支出達到6,540 萬歐元，但也把球技好的范德法特送回漢堡，隊長萊德利金掛靴，甩掉克拉尼察、多斯桑托斯、巴松、薩哈等，換句話說，與上個賽季獲得第 4 的陣容相比，多達 13 人被轉出，人面全非，球迷應要習慣一下，主席利維掌舵以來就採取「兩年一散」的作風處理買賣。

復仇者歸來，博阿斯比起執教切爾西時更具「佔有慾」，就算不是首選目標，亦要據為己用，手法坦率，直接了當，但也欠了應有的「圓滑」，否則也不會跟德羅巴、蘭帕特等大哥鬧翻。熱刺季初演出未上正軌，博阿斯承認球員處於磨合期：「我們的傳球配合鬆垮，通常要到下半場才會改善。」所謂「欲速則不達」，復仇者之死，通常歸因於心浮氣躁，缺乏冷靜。《原來我不帥》被視為一部「超級浪漫校園愛情喜劇」，但願球隊不會成為本季「超現實英超復仇鬧劇」。

## 《惡男日記》--巴黎裝潢豪華

巴黎殺很大！在一般人眼中，巴黎本是浪漫之都，這個賽季發生了翻天覆地的變化，壹綜合的《惡男日記》最適合形容他們。惡男有多惡？惡到連曼城都要甘拜下風。巴黎聖日爾曼自從得到中東資金支援後，殺聲四起，打鑼打鼓，高調得令人眩目，現實主義橫行，更成為今夏燒錢王，冠絕歐洲。

前 AC 米蘭領隊安切洛蒂上季隨利昂納度，降臨法甲，呼風喚雨，球星一個個拍馬趕到，印證有錢就能得事方便，可是金錢也非萬能，超級黑馬蒙彼利埃爆出大冷門，力壓聖日爾曼奪得法甲冠軍，一鳴驚人。新賽季前，聖日爾曼繼續大興土木，阿根廷國腳帕斯托雷（ Javier Pastore ）創下的法甲轉會紀錄，由他們再寫一次，想要甚麼都能得到，構建了足以令四大聯賽強豪汗顏的陣容，伊布（ Zlatan Ibrahimovic ）、席爾瓦（ Thiago Silva ）和拉維奇（ Ezequiel Lavezzi ）等球星，有力徹底改變法甲新面貌。

　　「法甲曼城」目前的板凳深度，足以排出兩支不同面貌的陣容，分戰國內外舞台，西索科（Mohamed Sissoko）曾效利物浦、前切爾西後衛阿歷士（Alex）、前巴薩守將麥士維（Maxwell）還有歐洲虎視眈眈的荷蘭國腳范德維爾（Gregory van der Wiel）等，試問那位領隊不羨慕安切洛蒂。

　　裝潢堂皇的聖日爾曼，根據德國 Transfermarkt 統計顯示，一隊總價格達到 3 億 1,445 萬歐元，且尚未包括明年 1 月以 4,000 萬歐元來投的巴西超新星小盧卡斯，球員平均價值為 982.66 萬，牌面上遠遠超出法甲群雄，要知道馬賽總值為 1 億 3690 萬，而里昂亦不過是 1 億 3120 萬而已。若非澤尼特宣佈 5,000 萬簽巴西國腳胡爾克，聖日爾曼便會得到夏天標王，但這些虛名不重要，惡男開始寫日記，拭目以待劇情是否任意撰寫，誰可令他們封筆？

## 《給愛麗絲的奇蹟》--義甲必敗之地

當家球星出走、賭球案再襲、香港甚至二十多年來首次沒有直播，萎靡不振的義甲似乎已是一個百病纏身的白鬍翁。上季爭標乏力的 AC 米蘭毅然賣走伊布和席瓦華，證明冰封三呎，非一日之寒，復興義甲漫漫長路，遠得長頸鹿也看不見。

隨著烏迪內斯在歐冠聯資格賽出局，義甲本季僅有米蘭及尤文圖斯出戰歐冠小組賽，錄得改制後的最低點，上一次只有兩支義甲部隊出戰歐冠小組賽，要追溯到 1998 年！就算義甲二千年泡沫刺破之後，2002 至 2009 年的八屆歐冠，只有一次沒有取得四隊全額，今時今日，只能嘆句呼哀哉。

義甲目前四分五裂，處於亂世之秋，四隊被罰以負分展開賽季，尤文教練干地被罰停賽十個月，理由是對賭球案「知情不報」，國外輿論都認為當中離不開政治因素。英西聯賽越跑越遠，德甲正式成為歐洲三哥，義甲中人不單止無視外在

勢力興起,也持續內鬥損耗自己的戰鬥力,恐怕要到一天,發生一場災難性的結果,亞平寧島才能置之死地而後生。

金童皮耶羅離開尤文,橫跨兩個十年的集體回憶消失,球隊前線掛帥的人物變成武齊尼奇(Mirko VUCINIC)及二線射手馬特里(Alessandro MATRI),星味不能同日而語;國米雙箭頭米利托(Diego MILITO)和卡薩諾(Antonio CASSANO)均年過三十;紅黑軍團鋒線平均年齡降至不足二十四歲,級數同時成正比例下降。

紅黑軍團無心無力,為了平息民怨只能接受球迷退回季票,幾可肯定銷售額創下貝老時代的新低。本季,義甲已陷於必敗之地,支持者只能收看華視八大綜合台的《給愛麗絲的奇蹟》,祈求奇蹟降臨。

假如,義甲還有支持者。

## 《巔峰時代》--西甲黃金歲月？

這是最好的日子，也是最壞的日子。西班牙夏天勇奪歐洲國家盃，成為史上第一支連奪三個大賽的國家，鬥牛士的風頭一時無兩，貴為西甲最具影響力的班霸巴塞隆納和皇家馬德里，繼續成為新賽季的焦點，猶如台視的《巔峰時代》。

本年度國際足聯金球獎前三甲，依然由巴塞皇馬壟斷，自從 2005 年以來，只有一位世界最佳球員得主，並非來自這兩支球隊；兩隊在世界足壇的地位，不言而語，「狂人」穆里尼奧曾揚言「無論那支球隊來到西甲，最好的成績也不過是季軍而已」，說得一點也不錯。

三至五年內，除非皇馬或者巴塞隨著西班牙經濟泡沫爆破而糟殃，否則其他競爭者暫不可能打破目前的雙頭壟斷局面。從長遠發展而言，對整個聯盟絕非好事，最怕慢慢演變成另一個版本的蘇超。新賽季開鑼之前，十三支球隊要求西班牙足球掌舵人，重新調整電視轉播分成，望與英

超 的 平 均 攤 分 模 式 看 齊 ， 馬 競 主 席 Enrique
Cerezo 就 謂 :「 歐 洲 其 他 地 方 也 在 嘲 笑 我 們 。」

　　事 實 上 · 本 季 西 甲 把 開 賽 時 間 分 成 九 個 時 段 ·
目 標 就 是 狙 擊 英 超 · 來 一 場 正 面 對 決 · 企 圖 增 加
全 球 的 市 場 佔 有 率 · 而 巴 塞 和 皇 馬 得 到 的 1.2 億
歐 元 收 入 乃 瓦 倫 西 亞 和 馬 競 總 和 的 三 倍 · 分 野 之
大 顯 然 易 見 。 獲 得 季 軍 的 蝙 蝠 軍 團 上 季 落 後 榜 首
多 達 三 十 九 分 · 夏 天 最 貴 的 球 員 只 值 370 萬 歐 元 ·
怪 不 得 馬 拉 加 的 中 東 老 闆 意 興 闌 珊 · 準 備 退 出 這
場 志 在 參 與 的 遊 戲 · 西 甲 若 要 延 續「 巔 峰 時 代 」·
就 要 想 想 加 快 改 革 的 步 伐 。

　　C 羅 早 前 說「 在 皇 馬 不 開 心 」· 忽 然 投 擲 大 炸
彈 · 引 起 整 個 西 甲 以 至 歐 洲 球 壇 的 震 動 · 難 道 這
是 離 開 的 先 兆 嗎 ？

## 《愛情與麵包》——德甲身體健康

愛情、麵包，你們會如何抉擇？經營有道的德國人就選擇了麵包。雙冠王多特蒙德挑戰聯賽三連冠，連續兩個夏天對抗歐洲強豪的挖角，避免了大規範鳥獸散的情況，雖則流失了香川真司，也從門興格拉德巴赫引入了羅伊斯（ Reus ）。一如所料，第三四位的沙爾克 04 及門興格拉德巴赫，堅守量入為出的轉會政策，後者甚至在歐冠資格賽「主動求退」，減少戰線負擔，果然知己知彼。

不過，人氣名氣收入壟斷德甲市場的拜仁慕尼黑，就不甘被蜜蜂軍團剃頭，一口氣引入了沙奇里（ Xherdan Shaqiri ）、曼朱基奇（ Mario Mandzukic ）、丹特（ Dante ）等新援，而二十三歲的西班牙國腳馬丁內斯（ Javi Martinez ），更以 4,000 萬歐元刷新由戈麥斯保持的德甲轉會紀錄，驚嚇程度可媲美奪命狂呼。一名還處於一線尾的中後場悍將，竟能在經濟低迷的轉會市場，賣得 4,000 萬歐元，教人嘖嘖稱奇，其中一個原因是

畢爾包拒絕談判，拜仁又要逞強，故拿出巨額毀約金付款。

德甲史上頭七位最貴轉會，六位均由拜仁所造，而多特蒙德引入巴西前鋒阿莫羅索，已是2001年的往事，由07年的里貝里起計，前列排名中只有沃爾夫斯堡耗資1500萬歐元引入疊戈，能夠成為「非拜仁族類」。

顯然，拜仁也是精明的生意人，斷不會打沒有把握的仗，八大娛樂K台華視計劃拍攝的《愛情與麵包》，最適合德甲迷觀看。

（2012年9月）

# 鳥的文化與英國足球

　　眼睛銳利的英超球迷，或許早已發現，很多
球隊的隊徽上，不約而同出現「飛禽走獸」。其中
在天上飛翔的為數不少。一般英國家庭也不太習
慣飼養鳥類，但街上的鳥兒卻不怕人，更有趣的
是他們常買鳥吃飼料，放在自家花園的籠子來餵
食外來鳥。同樣地，這種鳥的文化亦可見於英格
蘭足球的歷史典故。

　　活於傳說中的利物鳥（Liver bird）是利物浦
市的象徵。自從利物浦足球隊於 1901 年將「利
物鳥」放在隊徽上至今，一直榮辱與共。更在 1955
年，把這頭神聖之鳥，放在球隊的球衣上。最早
的利物鳥形象，可追溯到亨利三世時期，利物浦
市印章上的圖案，當時只是一隻嘴巴咬著小樹枝
的鳥兒，藉此紀念城市的開拓者約翰國王。

　　1976 年，時任市長給徽章院寫信，申請給紅
軍一個官方象徵物，而這個就是「利物鳥」。從此
以後，牠就成為紅軍的吉祥物。英國皇家利物大
廈的頂端，就有兩頭利物鳥筆直的站起來，雌性
的叫 Bella，負責守望海洋，像天后娘娘般保護船

隻安全回來；雄性的叫 Bertie，任務就是保護整
個城市，免於受到外敵入侵。

　　與紅軍不同，倫敦小球會水晶宮的隊徽是一
頭「老鷹」，故事不太多，甚至被指是「抄襲」而
來。上世紀 70 年代，Malcolm Allison 出任總教
練，希望徹頭徹尾建立新形象，於是將球衣從紅
色和天空藍，忽然轉變成紅藍間條，所謂的「靈
感」就是來自西甲的巴薩。球隊隊徽上的「老鷹」，
說穿了，就是借來葡超勁旅本菲卡，雖然水晶宮
企圖混合「西班牙風和葡萄牙風」，可惜打法和成
績上也沾不到半點運氣。

　　本賽季英超升級馬布萊頓的隊徽上有一頭海
鷗，但他們原來的外號是「海豚」，呼應海洋館是
當地的旅遊景點。死敵水晶宮自從把外號改為「老
鷹」後，布萊頓的球迷開始高呼 Seagulls，亦即
今日的「海鷗」，發音更響亮。水晶宮球迷沒有再
改名，而是把 Seagulls 讀成 Seaweed，亦即海
草。

　　西布朗的官方綽號是「燈籠褲」，但最早期的
外號是「畫眉鳥」( Throstle )。十九世紀八十年

代，時任秘書長建議採用站立在橫木上的畫眉鳥，
作為西布朗的隊徽圖案，原因是當時球隊使用的
更衣室的酒吧內，有一頭被關在籠子的畫眉鳥。
直至二十世紀三十年代，他們把一支關在籠子的
畫眉鳥，放在足球場邊，傳聞牠只會在球隊贏波
時，才會高聲唱歌，充滿靈性。

1908 年，卡地夫城把球衣的顏色改為藍衫白
褲後，「藍鳥」（ Bluebirds ）的綽號便不請自來，
之後順理成章把鳥兒放進隊徽之中。據說，一名
比利時劇作家於 1909 年創作了名為《藍鳥》的
劇本，講述一個小孩子希望囚禁一頭象徵幸福的
鳥兒，1911 年 10 月末在卡地夫上映，連續六日，
好評如潮。他就是 Maurice Maeterlinck，也是
憑《藍鳥》等作品奪得諾貝爾文學獎的文壇巨匠，
因此，卡地夫城便更加深信「藍鳥」能夠帶來好
運。

「金絲雀」諾里奇城的隊徽是有點歷史典故
的。聽說十六至十七世紀，一批來自荷蘭和佛蘭
德的新教徒，隨身攜帶家養的金絲雀來到當地後，
引起當地人模仿。十八世紀初，飼養金絲雀成為

諾里奇當地人的一大嗜好，甚至引起倫敦人經營售賣金絲雀的生意，終於到了 1906 年，諾里奇城決定把「金絲雀」放置在隊徽上，把球衣顏色改成黃衫綠褲。

以生產刀具聞名的謝菲爾德市，不管是謝菲爾德星期三抑或謝菲爾德聯隊，外號同樣是「刀鋒」（The Blades）。到了 1899 年，謝菲爾德星期三把綽號改為「貓頭鷹」，不過是一則笑話，與當地貓頭鷹的數量，亦與球衣顏色無關，只是新主場位於 Owlerton 區，Owl 巧合地是「貓頭鷹」之意。他們決定在 1912 年起，把貓頭鷹當作吉祥物，取代之前用的猴子！

翻查歷史，紐卡索聯和諾士郡的外號同樣都是「喜鵲」，始於黑白相間的球衣，而且，諾士郡的隊徽上更有兩隻喜鵲。而早期的紐卡索聯隊徽上也有一隻喜鵲。現在，紐卡索聯的隊徽設計反而沒有「喜鵲」，而是代表城市的盾牌、海馬、城堡、獅子及燕尾旗，實在諷刺。最後一提，托特納姆熱刺自從 1901 年英格蘭足總盃決賽起便用「雄性鬥雞」作為象徵，因蘭開斯特王朝的珀西

爵士，在戰爭中喜歡「腳踏馬刺」，讓駿馬跑得更
快更奔放。1909 年，有隊員為球隊鑄造了銅像，
在鬥雞腳下加上一個球形底座，並奠定了今日托
特納姆熱刺隊徽的雛型，可堪細味！

（2018 年 3 月）

無懼傷追人
*Cazorla* 演活勵志故事

2016 年 10 月阿森納在歐冠以 6:0 蹂躪盧多戈雷茨，Santi Cazorla 正選披甲，交出助攻，卻在 57 分鐘因傷退場，事後證實跟腱撕裂，傷勢嚴重。那一刻，恐怕無人猜到那是他在阿森納的絕唱，經歷 10 次大小手術，長達 636 天休戰，終在舊東家比利亞雷亞爾重生，更在 2019 年首戰皇家馬德里，取得 7 年來首個西甲進球，協助黃色潛艇拿到寶貴的一分。天將降大任於是人也，必先苦其心志，勞其筋骨，但，有必要做得太盡嗎？

今年 34 歲的西班牙中場 Santi Cazorla，接受了 8 次足踝手術，切除了 10 厘米的跟腱，更需要從胳膊上植皮，期間曾因細菌感染，差點要截肢。2018 年 5 月，他與阿森納分手，養傷整整 19 個月，其實大可退役不幹，安享晚年。但運動員天生就有一種不服輸的精神，呼是為出一口氣，吸是為了爭一口氣，終在去年 6 月與老東家比利亞雷亞爾簽約。7 月 18 日，他在熱身賽中替補出場，全場球迷、球員向他致敬，賺人熱淚。

他就像魔術師，所有人以為他會消失之時，他已悄悄然回到綠茵場。「我像拼圖一樣。」

Cazorla 用苦笑面對身體上的傷疤，為了右足踝而將左前臂的部分皮膚移植到腳上，腳上有個金屬板插在裡邊，手臂上本是女兒名字 India 的紋身，目前只剩下三個字母 I、n、d，過後卻能雲淡風輕，笑看歷史。

「醫生和我談過，說我的傷很罕見，完全是一個醫學案例。」不久的將來，Santi Cazorla 的大名或許會出現在醫學期刊，成為專家的研究個案。他曾經動搖過，想過從此掛靴，因為有醫生說過，他康復後能在街上走路，已經要還神祈福，更遑論參與對抗性強的足球運動。「有時候，我自己都不敢相信眼前的一切，是不是在發夢？賽前一晚上住在酒店，很多球員覺得很痛苦，但我樂在其中，至少不是住在醫院。」

2010 年 3 月，Cazorla 因傷休戰 32 日，此後 3 年半從未受傷，直到 2013 年 10 月在國際賽西班牙對智利時倒下，足踝骨裂。2015 年 11 月，他的足踝再度骨裂，膝蓋韌帶拉傷，卻不願休息，堅持訓練和比賽，間接導致後來的嚴重悲劇發生。時任阿森納總教練 Arsene Wenger 即使見慣風浪和傷病，也沒預計弟子的傷勢是如此

嚴重，特別是足踝皮膚受到罕見的細菌感染後，惡化得非常迅速。

「當我踏健身自行車時，傷口便會裂開，細菌輕而易舉大舉入侵，新問題又會出現。」傷口從小腿、膝蓋蔓延到大腿，但他說往事卻能處之泰然，又暗示當中可能存在人為失誤：「每次英國醫生把傷口縫起來，很快又會再裂開，越來越多液體流出來，做了植皮手術卻忽略了皮膚下層已被細菌侵入。」醫生都叫他別再踢球，將來仍可過著普通人的生活，並與兒子一起踢球，但他卻一意孤行，重返祖國西班牙接受治療。

西班牙醫生發現皮膚下的細菌，但治療遠比想像中漫長，Cazorla 說：「主治醫師強調要進行多次手術，直到找到細菌的源頭為止，期間不停地割開我的跟腱，但其實情況可以更差。後來，英國醫生說早知如此，也為我開了抗生素，但這說法不正確，普通的抗生素與專用抗生素是不一樣。」當時他可以把一根手指，放進骨頭，因骨頭像泥膠般軟綿綿，不知者甚至覺得毛骨悚然。

畢竟 Cazorla 是歐洲著名球星，英國醫生缺乏承擔責任的勇氣，也沒作出正式道歉，害怕巨

額賠償和失去工作的風險。時至今日，他仍感激 Wenger 的提攜和諒解：「第一次手術時，教授給我很大的鼓勵，甚至給我新合同，打電話告訴我，合同準備妥當，簽了它吧！」如果沒有帶傷上陣？如果一早前往西班牙動手術？如果離開了早一年阿森納？人誰無過，他沒為過去的任何決定感到後悔，將是會否追咎醫生的責任，則交由家人衡量。

「這種受傷不像感冒，當你每天都看不到起色時，就會想放棄，幸好我的團隊總會鼓勵我『明天或者後天，你會看到好轉，說不定可以帶球訓練』，我知道這是白色謊言。」為了回到西班牙接受治療，他要離開倫敦的家，離開妻子和兩個小孩子，8 歲兒子 Enzo 和 5 歲女兒 India。近一年多，兩名孩子換了三間學校，為人父母也於心不忍，更痛心是翌日離家，孩子會說：「老爸，你又要走了？」

兒子 Enzo 喜歡穿著黃色潛艇的球衣，球衣號碼是 Papi 19（爸爸 19 號），相信 Cazorla 堅持下來也同小孩有關，身教更勝言傳，就是這麼回事。「現在沒想太多，只想踢好每場比賽。」去

年 4 月歐聯四強，他披起阿森納球衣，在酋長球場完成一次訓練，原來是他主動向主帥提出請求，「我跑了四圈，帶球走了一段路，只想再次感受粉絲的支持，打聲招呼，有預感沒機會再為兵工廠披甲，也想帶走最後的回憶。」

（2019 年 2 月）

傻子的约定！
英超「暗黑」球队

　　現在的英超球隊活像一所跨國企業，最怕就是陷入左右為難進退失據的「瓶頸」之局。那怕你是盈利只有 100 萬的公司，只要處於高速增長期，盈利升幅高於 1 億的老牌公司，投資者都寧願棄後者選前者，「增長空間」同時是所有老闆看重的元素。

　　最近幾個賽季，英超部份隊伍碰上了停滯不前的尷尬，前景絕不明朗，甚至隨時墮入「暗黑」歲月，最明顯是艾佛頓和阿斯頓維拉。

　　外號「太妃糖」的艾佛頓，由蘇格蘭教父弗格森同胞莫耶斯一手帶大，成為強勁的攔路虎，列強遇之都不敢掉以輕心。今年仲夏，這支上季千辛萬苦爭至第 8 的球隊，與維拉的共通點一樣，在轉會市場上碌碌無功，班主在環球經濟形勢險峻的情況下，不再投入巨額資金，舉步為艱。

　　英超中型球隊的本錢和名氣所限，搶購球員時理所當然面對更多制肘，而艾佛頓目前更面臨結構性難題，莫耶斯似乎一籌莫展，前路茫茫。君或問，球隊能迫和曼聯 3:3，難道不是重上正軌

的先兆嗎？可能是，但乍看難以事實，之後便敗在紐卡索聯的腳下。

莫耶斯一方面不敢貿然放走主力，一方面卻無法套現前去招兵買馬。以奈及利亞中鋒雅庫布為例，當年高價購入，可是於 07 年加盟至今，表現只屬中規中矩，近季更有走下坡的跡象，步伐緩慢，射手靈氣蕩然無存，隊友看在眼內也不知如何是好。

「太妃糖」若然希望煥然一新，必須作出果斷的取捨。隊型上，莫耶斯一直貫徹 4-5-1 作基調，踢法硬朗而簡單，再視乎不同對手微調，缺少細緻，當中的老毛病多年來始終無法修復，例如進攻板斧單調，中場組織具條理卻欠最後一擊，而且沒有臨場應變的「B 計畫」等等。單從企業角度而言，莫耶斯無疑成功「守業」，只是經營下去鑽不出突破口，受歡迎的鄉村餐館成不了連鎖集團。

相對於艾佛頓，情況相若的維拉，球員平均年齡比較幼嫩，潛力還未完全爆發，而智慧型總教練歐尼爾今夏離任也許成為「翻一番」的契機，無奈 63 歲的老帥烏利耶（Gérard Houllier）會

否已跟時代脫節就值得關注。大家記得尤文圖斯上季曾邀請名帥扎切羅尼上馬「救火」嗎？現實是殘酷的，一個時代逝去，我們還是把它放進潘朵拉的盒子！

台灣搖滾巨匠迪克牛仔，翻唱經典名歌為人熟識，事業一度因利成弊，跳不出「翻版」的框框，幸而後來逐漸出走別人的陰謀，闖出一片天空。最近，《傻子的約定》再次撥動樂迷心弦，歌詞中「風漸漸大了漸漸大了，吹散了去年夏天傻子的約定」……兩名備受推崇的英倫主帥入主之初，雄心勃勃，與球迷「約定」挑戰傳統四強，可是歐尼爾夢未成，魂已斷，餘下日子不會輪到莫耶斯吧？

（2010 年 9 月）

# 義大利足球教練搖籃

難道甚麼都可以學習冰島嗎？僅得 300 萬人口的冰島，歷史性躋身世界盃決賽圈，印證 2016 年歐洲國家盃的佳績，絕非僥倖。冰島崛起，培育大量足球教是秘訣之一。如果說編劇乃電影之本，教練就是足球之本，但這次想說的不是冰島，而是義大利。

義大利總教練在足壇甚為吃香，素有保證，即使曾執教 AC 米蘭和皇馬的 Carlo Ancelotti，賽季之初被拜仁慕尼黑辭退，但所謂有麝自然香，直言「我會休息 10 個月才回到崗位」，可見賽季結束後，不愁老闆找他任教。2015/16 賽季英超，萊斯特城奪魁而回，總教練 Claudio Ranieri 來自義大利，本賽季執教法甲的南特，同為令人驚喜；上賽季英超，切爾西力壓熱刺登頂，主帥 Antonio Conte 亦是來自義大利。

義大利人個性實幹但投機，深諳總教練是一份「工作」，而非甚麼任重道遠的使命，加上普遍義大利總教練戰術意識強，變化多端，總能吸引豪門青睞。囧叔 Massimiliano Allegri 率領尤文延續義甲王朝之外，近三個賽季合共兩度殺入歐

冠王者之戰；繼光頭主帥 Luciano Spalletti 揚威俄超後，名不經傳的前 Conte 助教 Massimo Carrera 更率領莫斯科斯巴達，相隔 16 年重演聯賽冠軍夢，留名青史。

本賽季義甲，Maurizio Sarri 把拿玻里打造成聯賽爭冠分子，Christian Panucci 和 Marcello Lippi 分別率領阿爾巴尼亞和中國國家隊，更別提兩個在中國聯賽的 Fabio．Capello 和 Cannavaro，在上述教練推波助瀾之下，的確間接把意式足球帶到世界每一個角落。義國主帥人才輩出，不得不提全國首屈一指的教練搖籃，位於佛羅倫斯的教練學院 Coverciano。

Coverciano 是一所媲美大學的教練學院，演講廳設備一流，圖書館藏書豐富，處處可見前輩留下了的足印和智慧。上述主帥全部來自 Coverciano，而現屆學生就有 2006 年世界盃冠軍功臣 Luca Toni 與 Mauro Camoranesi，但他們必須考獲教練文憑，才符合執教義甲的資格，無一例外。

　　帶領義大利殺入 1994 世界盃決賽的 Arrigo Sacchi 直言:「Conte 注定會成為教練,當年我帶領國家隊時,他已埋頭在場邊做筆記,義大利教練幸慶有良師為接班人開路;Ancelotti 處事圓滑,懂得與球員相處;Capello 固執,但確實是戰術大師。」Coverciano 盛載了義國足球歷史,目前也是義國足協的基地。

　　切爾西中場 Hazard 曾謂:「Conte 給我們看 20 分鐘的視頻,我們便要 3 日練習來改善它。」Conte 擅用視頻訓練的手法,正是來自 Coverciano 的啟發。每個學生畢業時都要寫戰術論文,2006 年,Conte 足足用了 40 頁寫成 4-3-1-2 鉅著,當中就提到視頻的應用,「只靠說話,有時候球員未必認同你的說法,我們要靠視頻作為證據,讓他們知道自己的錯處。」

　　球員時代穿起 10 號球衣的 Allegri,中心思想則在中場線,其中一段寫道:「在三人中場,中場中路的指揮官,必須具備一流的位置感和創造力,串聯三線,策動反擊,而且體能要好,功守俱備;左中場應是全隊最有技術的球員,負責撕

破防線,製造助攻;右中場相對較為硬朗,攔截功夫要到位。」

「萬事俱備」是拿玻里主帥 Sarri 的座右銘,因此每場比賽之前都會做足充份的備戰,給予每名球員和助教不同的項目,務求在比賽前完成。「兩場比賽之間相隔 7 課練習,我會把兩課用作體能,兩課用作糾正錯誤,一課是針對個人,一課是針對全隊,餘下三課分別是針對即將進行的比賽進行防守部署、進攻部署和死球部署。」

晚輩或者覺得前輩阻住地球轉,其實,前人的知識和閱歷才是無價之寶,再多的鈔票也買不了。義國主帥能夠薪火相傳,一代傳一代,我們只能望而輕嘆。恰恰相反,我們的教練拜師無門,缺乏優秀教練傳授江湖本領,本土主帥離開學校後便要馬上接受實戰考驗,加上教練本身缺乏固定的團隊支援,幾乎每個人都是「由零開始」,各自為戰,靠的只有天賦和運氣。

(2017 年 10 月)

德國超「仁」　隊長拉姆

「他是我執教過最聰明的球員。」沒有之一，只有唯一，前拜仁慕尼黑主帥瓜迪奧拉（Guardiola）如此讚美拉姆（Lahm）。在德國人心目中的超級隊長，他認了第二，沒有人敢認第二，小巨人拉姆是也。32 歲的拉姆身高僅 1 米 70，短小精悍，本賽季宣佈將於 2018 年掛靴，隨後將加入拜仁的管理層，繼承 Beckenbauer 等歷任超級隊長的衣砵。

生於足球狂熱世家的拉姆，母親是地區球隊的青年軍教練，父親則是一隊的球員，兩人在這支小球會相認、戀愛、結婚，終在 1983 年的「光棍節」誕下了愛情結晶。順理成章，小拉姆由這支慕尼黑西部小球會 FT Gern 起步，進步神速，10 歲已吸引到慕尼黑雙雄拜仁和 1860 慕尼黑的球探入場觀戰，當時他認為自己過著快樂的童年，不願與死黨分道揚鑣。幾經拉鋸，拉姆與家人逐漸明白，離隊只是時間問題，遂與 1860 慕尼黑進行一場熱身賽，看過對手球場的硬件簡陋不堪，更衣室設備停留在 70、80 年代的歲月，內心已經暗暗作出決定。

拉姆兩度為拜仁贏得青年聯賽錦標，第 2 次是以隊長身份捧盃，17 歲升上預備組時，翌年又獲得隊長臂章。「連他都無法在德甲站穩陣腳，那麼，這批德國新丁肯定全軍盡墨。」時任教練 Hermann Hummels 力薦得意弟子上一隊，而他就是多特蒙德隊長 Hummels 的父親。時機到了，2002/03 賽季，球隊在歐冠聯分組賽對朗斯，拉姆為一隊上演處子作，即使那只是在 90 分鐘後備入替，象徵性踢踢球，那場比賽無疑是剛最佳 18 歲生日禮物。

## 美麗的謊言

時來運到，拜仁當時的左右後衛長期被兩名法國國腳 Lizarazu 和 Sagnol 霸佔，拉姆此後足足等了 18 個月，才能再獲一隊徵召。2003 至 05 年期間，斯圖加特租借用了他，時任教頭則是「魔鬼教練」Magath。一念天堂，一念地獄，Magath 現在被批評得一文不值，但當時在德國仍是德高望重。「我在青年軍常常擔任左後衛」——其實是拉姆編造出來的謊言，目的只是希望盡快上陣比賽，但這個謊言換來了機會。

果然，拉姆取代了德國國腳 Gerber，表現固若金湯，一整個賽季踢了 38 場，更在德國足球先生的選舉中排名第 2 位，平地一聲雷。德國主帥 Völler 相中他是意料之內，2004 年上演處子作，順水推舟躋身同年歐國盃大軍名單，正選踢足 3 場，無奈地，日耳曼兵團分組賽出局，受盡輿論口誅筆伐，唯獨陣中的年輕人備受讚賞，包括拉姆和拜仁隊友 Scweinsteiger。雖然 06 世界盃才是正式打響名堂的大賽，但其實在決賽周前，拉姆飽受傷病困擾，2 月前已缺席國際賽長達 13 個月。

畢竟 2006 年世界盃在自家門口舉行，拉姆
希望在家人朋友面前表現最好的一面，不惜在 11
月自薦為拜仁 B 隊披甲，以戰養戰，不久重返一
隊更搶去 Lizarazu 的飯碗，司職正選左後衛，時
任德國主帥 Klinsmann 一心打造青春班，又豈會
放過他？揭幕戰對哥斯大黎加，正選的拉姆（熱
身賽弄傷手踭）甫開賽僅 5 分鐘，引球推進，突
然施放 35 碼冷箭直飛進網，這是人生第一次禁
區外建功，亦是名留青史的成名作。

## 進擊的巨人

一生人會遇上無數十字路口，走哪一個方向，就掌握在你手中。2007 年夏天，拜仁人面全非，合共送走了 9 人，羅致 10 名新援，焦點包括法國攻擊中場 Ribery，而 Marcell Jansen 的加盟亦意味著拉姆將重返右後衛的位置。諷刺地，Marcell Jansen 頻頻受傷，導致小巨人還是以左後衛亮相的機會較多，時左時右又如何，最重要是冠軍，那個賽季球隊勇奪德甲和德國盃雙料冠。不，超級隊長之路並不平坦，也曾被傳媒瘋狂狙擊。

當時，拉姆被指與巴薩、曼聯和皇馬藕斷絲連，私底下接觸其他勁旅，但傳言很快平息，之後也同拜仁簽下 5 年新合同。「我有希望同球隊贏得歐冠聯，幾年前轉投英超可能發展會幾好，但現在更喜歡德甲。」2008/09 賽季，Klinsmann 接掌拜仁，荷蘭國腳 van Bommel 成為新隊長，但蜜月期閃電告終，雙方提早分手。翌季，Van Gaal 接過兵符，同時重金招兵買馬，小飛俠 Robben、中鋒 Mario Gomez 等球星來臨，拉姆

擢升為副隊長，但球隊當時的情景就與今日曼聯相差無幾。

　　「其他勁旅都有有自己的經營哲學，建基於這套哲學去收購球員，但我們沒有，只靠收購球星是徒勞無功。」拉姆的言論得到粉絲掌聲鼓勵，但也是球員生涯唯一一次因「紀律」問題，慘被拜仁罰款 10000 歐元，這番話似乎對軍心起到刺激作用。拜仁知恥近乎勇，獲得德甲和德國盃，與隊史破天荒首次榮膺三冠王，只有一步之遙，淘汰曼聯和里昂後殺入歐冠聯決賽，面對穆里尼奧領軍的國際米蘭，拉姆當年的承諾差點兌現，只可惜被 Diego Milito 壞了好事。

## 完美的典範

　　時勢造「隊長」，老將 Ballack 在 2010 年世界盃前，在英格蘭足總盃決賽受傷，間接讓拉姆接過國家隊隊長臂章，並以 26 歲成為國家大賽史上最年輕隊長。「我希望自己能夠繼續做隊長，這身份給我帶來很多快樂，如果你可以好好完成工作，一定會渴望做得更多，承擔更多責任。」能力愈大，責任愈大，拉姆當仁不讓，就像他在 2012 年歐冠聯決賽對切爾西，無懼 4 強對皇馬時宴客，第一個站出來主射，成功命中......天意弄人，冠軍還未屬於拜仁。

　　而立之年的拉姆在瓜帥麾下，常常被移至中場位置，別人起初不甚理解，但隊長在中路更能發揮多方面的才華，彰顯全才角色，並在 2013 年得償所願，首度榮膺三冠王。這個賽季，他大部份時間擔任防守中場，除非左、右後衛倦勤，才會回到自己熟悉的位置，但對其穩定表現絲毫沒有負面影響。一年後的夏天，日耳曼兵團在世界盃決賽力克阿根廷，4 度封王，拉姆在國際賽告別戰，代表慕尼黑土炮捧起了大力神盃，急流勇退，或許很多人仍然大惑不解。

的確，德國仍在等待下一位超級隊長取代拉姆的地位，中後場目前仍是若有所失，至今找不到完美繼承者。小豬 Scweinsteiger 揚言：「拉姆是完美球員的典範。」回顧金光閃閃的生涯，超級隊長贏過 17 項錦標，包括世界盃、世冠盃、歐聯和 7 次德甲，還有 3 次得到德國體壇最高榮譽的跨界大獎 Silbernes Lorbeerblatt。《生命之花》曰：「這朵鮮花／順時份轉／逆時代轉／一切也是圓。」拿姆的生命之花鮮艷奪目，必然成為下一位話事「仁」！

（2016 年 8 月）

談曼城品牌向全球化邁進

　　阿布扎比財團野心勃勃，曼城借鑑巴薩模式建造王國，先從管理層班底做起，終在去年夏天找來心儀已久的 Pep Guardiola 掌舵。球隊放眼將來，不惜重金打造價值 1.5 億鎊的現代化基地，藍月亮目前已經雄霸英格蘭青少年各級賽事，連娘子軍也是殺很大，2 月份羅致世界足球小姐 Carli Lloyd，而且「子球會」由北美洲的紐約城到澳洲的墨爾本城，甚至進駐日本…不管本賽季戰績如何，也不會減慢全球「城市化」的步伐。

　　自從阿布扎比入主之後，曼城的收入持續上升，2015/16 賽季營業額達到破紀錄的 3.92 億鎊，差不多是 8 年前的 5 倍，即使上賽季才首次轉虧為盈，但足以顯示球隊步入了正確的軌道。城市集團旗下擁有美職聯的紐約城和澳超的墨爾本城，同時購入了日職球隊橫濱水手的 20%股份，三支全資控股的球隊同樣採用圓型隊徽，以藍、白兩色作為主色，風格統一，悉數由伊蒂哈德航空作為球衣胸口贊助。

　　眾所周知，曼城的技術總監 Txiki Begiristain 和執行總監 Ferran Soriano，同樣是巴薩舊人，

與 Guardiola 關係密切,而商務總監 Omar Berrada 也是前巴薩管理層成員,在任時為球隊鎖定球衣首個贊助,那就是聯合國兒童基金會。「缺少了球迷,我們所做的一切便毫無意義。」Berrada 賽季前舉辦了兩天的球迷活動,多達 2 萬人參觀訓練基地,並與新帥見面,類似的大型球迷活動近年亦愈趨頻繁。

2014 年啟用的新訓練基地,總投資費用高達 1.5 億鎊,佔地 70 公頃,共有 16 個半足球場,由超過 16 名工作人員專門維護,其中半個球場是門將專用場地。「我們是為了建設未來,而不僅是明星陣容。」這句大如泰山的字句,刻在訓練基地的入口處。有一個球場是使用人工草皮,四個鋪上混合草皮,一線隊的總教練可隨便選擇在不同場地訓練,通常賽前訓練會選擇在建了防風高牆的球場,避免賽前戰術演練被敵人派來的探子截取情報。

在青年軍使用的健身室,牆上掛起了 Sergio Agüero 脫衣慶祝的威水照片,寫上 93 分 20 秒,那是曼城絕殺王公園巡遊者的個重要瞬間。第一

次加冕英超冠軍，藍月亮宣告重新崛起的重要瞬間。

話說回來，2012 年 10 月 Begiristain 入閣，Guardiola 正值自由身，但時任主帥 Roberto Mancini 神奇奪魁，陰錯陽差，雙方錯過了首次結合的時機。隨後，Guardiola 與拜仁慕尼黑簽下 3 年合約，但外界早已預期，藍月亮才是這位前巴薩主帥的真正歸宿，去年夏天就是最佳時機，這次終沒白白讓機會溜走。

Guardiola 在曼市築起他的勢力，三千多公里以外，前曼城中場及前 U21 主帥 Patrick Vieira 由曼哈頓北部紐約州立大學出發，為「城市化」埋頭苦幹。2015 年加入美職的紐約城，目前在大學進行訓練，新基地正在興建中，預計 2018 年啟用，同樣是由曼城基地的設計師操刀。首個賽季，紐約城排名第 17 位，上個賽季成績飆升，勇闖季後賽，兩大歐洲球星 David Villa 和 Andrea Pirlo 也讓他們賺到足夠的人氣。

或許，阿布扎比是特別重情重義的老闆，尤其是對老熟人照顧有加，Vieira 的左右手是另一

前曼城中場 Claudio Reyna（即前度美國國家隊指揮官）。6 年前，昔日阿森納隊長 Vieira 加盟藍月亮，退役前亮相到 2011 年足總盃決賽，捧起球隊改朝換代之後的首座獎盃，他說：「我必須推行改革，把歐洲的東西帶過來，由最簡單的是一天雙練，對進行視頻分析。」原來球隊以往作客時，球員需要自行攜帶裝備，但 Vieira 掌帥後已馬上改由球隊集體負責，並且需要穿上一致性的著裝。

紐約城的主場館是美職棒傳統勁旅紐約洋基隊的球場，平均上座人數近 3 萬，Vieira 笑言：「連不看棒球的我，也合道洋基在紐約的意義，由這兒起步實在太棒了。」事實是這是一起雙贏的交易，洋基隊擁有紐約城的 20% 股份，互惠互利。我們由北半球飛到南半球，澳洲人 Tim Cahill 正努力進行大開發。

去年 8 月，36 歲前埃弗頓中場 Cahill 加盟墨爾本城，曾借來 Villa，又邀得前切爾西翼鋒 Damien Duff 幫手，上賽季最終排名第 4，創下 6 年來的最佳戰績。要不就不選，不然就要選擇

最好的，Cahill 是澳洲史上最成功的足球員，也是阿布扎比相中他的真正原因，前兩年的合約是當球員，最後一年便可自動進入預備教練組。

「城市化」的下一個目的地會是甚麼地方，13 億人口的中國嗎？藍月亮去年前往中國進行季前賽，小試牛刀，人氣不俗。2015 年，華人文化產業投資基金斥資 2.6 億鎊，購入了城市集團的 13%股份，打開了雙方合作的大門，目前集團估價已超過 20 億英鎊。或許，讀者仍記得交易達成前一個月，中國國家主席習近平在前英國首相卡麥隆陪同下，一起到曼城新基地留下腳印，更與 Agüero 拍攝了一張有趣的自照。

說不定，中國將來的足球夢會與「曼城夢」扯上關係，但曼城此時此刻已經不再做夢，而是在現實世界連珠炮發，尤其是英格蘭青少年賽事。上賽季全國聯賽，曼城 U18 榮膺冠軍，氣勢如虹，連續兩年闖進英格蘭青少年足總盃決賽，而且 U16 和 U14 分別以 9:0 血洗利物浦和曼聯，由 U10 至 U21 青年軍上賽季總共捧走了 14 座獎盃，徹底顛覆了人們對英格蘭青訓品牌的認知。

青訓做得好需要時間慢慢浸淫，61%球員來自大曼徹斯特郡，曼城除了提供舒適的環境之外，同時與英國名校合作，保證小球員一旦在足球路上失敗，也能繼續升學，讓家長放心把孩子交給他們。更體貼的是，基地提供專用育嬰室的室內空間，下雨或寒冷季節時，家人可以在室內觀戰，並為遠道而來的家長準備住處，吸引力自然更勝其他英超球隊。曼聯成功了，巴薩成功了，曼城也相信能夠成功，甚至比他們做得更好。

（2017 年 5 月）

謝謝你
在世界角落中找到我的名字

　　有時人生最怕是改壞了名字。中國如果懂得尊重歷史，便不會容許足球隊任意給贊助商冠名，甚麼廣州恒大淘寶、河北華夏幸福、江蘇蘇寧、上海綠地申花，庸俗不堪，名不正、言不順，贊助商隨時改變，球隊名字亦被迫改變，談何身份認同？到底你是支持廣州，或是恒大地產，還是淘寶呢？

　　綜觀整個歐洲球壇，德國球隊的名字最複雜，也是最有故事，像德文般能夠從字典中探源索引，但既有數字、簡寫，大草小草，拖拖沓沓，不知者往往看得一頭霧水。FC 源自 Football Club 的簡寫，意即足球隊，與英語的意思同出一轍，畢竟，現代足球由英國人發明和推廣，直至十九世紀末傳入德國。不管是德國以至全球聯賽，總有幾支悠久歷史的球隊名字，附有 FC。

　　德國球壇首屈一指的拜仁慕尼黑，建隊 117 年，便由 FC 開頭，拜仁本為巴伐利亞省( Bavaria )的暱稱，慕尼黑是省府，故得名。事實是歐洲球隊大都由所在地命名，利物浦、曼城、米蘭、巴薩等均是真有其地，即便德甲升級馬 RB 萊比錫

的歷史不算長,亦選擇用上主場城市萊比錫為名,
RB 始於 RasenBallsport,R 為草地上進行的體
育賽,B 指球類運動。

　　多特蒙德的名字 Borussia Dortmund,表示
他們是普魯士(與幕森加柏一樣)地區的球隊,
因成立於 1909 年,因此隊徽上有 09 的字樣,作
為識別。他們的隊徽上 BVB 中的 V,指的是體育
會/俱樂部,C、K、U 都有相同意思。e.V 則為註
冊球隊 ( registered club ),即非牟利組織,由會
員全權控制,拜仁曾經用過 e.V,但在 2002 年 2
月通過成立有限公司後,便與此分道揚鑣。

　　德國人給歷史留一個名份,歷史愈悠久的球
隊,地位愈崇高,故此球隊喜歡註明成立年份,
例如沙爾克 04,便成立於 1904 年。同樣地,勒
沃庫森也是在 1904 年誕生,Bayer 04
Leverkusen,但因名字中包含了藥廠 Bayer 的名
字,導致被德國人白眼,「藥廠」也成其綽號。然
而,當初球隊的誕生,的確要拜老闆 Bayer 所賜,
整間工廠找到 170 名工人聯名去信,要求成立體
育會給人民在工餘時間娛樂,逼迫老闆就範。

　　相反，創立歷史不長的德國球隊，習慣不把年份加入隊名，比方說，狼堡沃夫斯堡，始於 1945 年，但球隊前面的 VfL 也有意思，V 意為體育俱樂部，f 是「為了」（for），而 L 是鍛煉體能。霍芬海姆（TSG 1899 Hoffenheim），成立於 1899 年，T 指的是體操，S 則為體育，G 是德語中的 Gemeinschaft（團體或社區）的簡稱，顯然他們來自草根。

　　除此之外，SV 文達不來梅的名字，較有深層意義，原來 Werder 是古德語，意指河邊附近的一大片地，相信他們在最早期是坐落在河邊。法蘭克福的 Eintracht，其實意譯為和諧，故全名應稱為「法蘭克福和諧號」；而柏林赫塔的 Hertha，則是郵輪的名字，全名可叫作「柏林郵輪」，相當有趣。日後有空，我們再談談球隊名字的歷史。

（2017 年 6 月）

# 還原球壇真實的轉會交易

　　巴黎聖日耳曼為了啟動 Neymar 的毀約條款，不惜拿出 2.22 億歐元轉會費，打破世界紀錄，來收購這位巴塞隆納前鋒。我們就在這裡跟大家分享一下轉會交易的真實一面：

## 只要肯拿出毀約金，便可收購心儀的目標？

　　非也。足壇的毀約金分為兩種，一種是實際毀約金，一種是「誠信」毀約金。無論何者，也不代表你願意付出毀約金，便買到你想要的球員，而 Neymar 的毀約金為 2 億歐元，而非 2.22 億歐元。毀約金不等於報價（offer），「誠信」毀約金更是毫無意義。這僅僅表示賣家對交易充滿「誠意」，讓賣家打開方便之門，一起洽談這起轉會，避免大家浪費時間在試探、傳聞等階段。顧名思義，實際毀約金具有實際意義。但像信用卡條款一樣，隱含極多細則，最主要目的就是防止競爭對手挖角。因此，毀約金一般會設定在天文數字，很多英超球會訂明，毀約金條款並不適用於其他英超球會。而葡萄牙球隊則習慣寫為「若其他葡萄牙球隊斟介，毀約金是原本的 3 至 4 倍」。

## 轉會交易如何進行？

簡單來說，一宗轉會必然經過 3 個重要談判：首先是轉會費，其次是球員個人條件，第三是中介費用。任何一環未能達成共識，也難以完成轉會。理論上，大前提是賣方要批準買方接觸，雙方才能展開談判。但國際足聯的監管不甚嚴密，導致經常出現「暗渡陳倉」的事件：即買方首先打動球員，再向賣方提出報價。去年夏天南安普敦就後衛 Virgil van Dijk 被挖角，指控利物浦非法接觸其球員。

## 中介人只能代表其中一方嗎？

絕對不是，足壇中介人的影響力愈來愈大。他們在交易時不僅可代表買方，也可同時代表賣方和球員，聽起來有點匪夷所思。但確實如此。與買賣房產不同，轉會談判通常牽涉超過一名中介人。去年夏天，Paul Pogba 以 8900 萬鎊加盟曼聯，胖子中介人 Mino Raiola 就同時代表尤文圖斯、曼聯和球員本身。而小報消息指出，Romelu Lukaku 之所以選擇曼聯，正正是切爾西寧死不屈，拒絕向 Raiola 多付中介費用。雖然中

介人同時代表多方會牽涉利益衝突，但這種做法比較具效率，也獲得多國批准，當中包括英格蘭足總。當然，這種做法是需要得到多方認可，而非由中介人自行決定。以 Lukaku 為例，Raiola 既要為球員向曼聯談個人條件，也要為紅魔向埃弗頓談轉會費。

**租借是快捷而簡易的轉會方式？**

錯了，這是大眾的誤解，任何租借轉會跟買賣球員時一樣，同樣需要經過每一個細節，當然也要得到球員本人同意。

**轉會預算？**

我們常常聽到報章分析說甚麼「轉會預算」（transfer budget），也是無中生有。阿森納不會因為今年沒有把 1 億鎊「預算」用掉，便留下來在冬天轉會窗再花。老闆是不會向總教練或體育總監明確表示，這個轉會窗有多少鈔票可花，否則只會拿石頭砸自己的腳。

## 淨支出是真的嗎？

　　這種講法同樣是由媒體自己「編」出來的，略略有會計常識的讀者都明白，「淨支出」是不存在的。Alexandre Lacazette 以 5300 萬鎊加盟槍手，但槍手不會在今年度的財政報表內寫明支出 5300 萬鎊。而是按其 5 年合約除開，每年記賬 1060 萬鎊（事實上大部份轉會費是分期付款）。可想而知，我們常常看到記者說哪豪門今年花了多少個億擴軍，那是「大話西遊」，一點都不準確。

## 球員交換是如何運作？

　　Neymar 加盟大巴黎前，我們也聽到西班牙記者說，巴薩要求義大利中場 Marco Verratti 作為交換籌碼。過去，我們也許還記得國際米蘭和巴薩的「互換交易」，Samuel Eto 和 Zlatan Ibrahimovic 對調東家。同樣地，這也不是我們想像的那回事。毫無疑問，Lukaku 和 Rooney 也不是互換東家。應該這樣說，他們不是在同一宗交易中進行，所以也不能稱為「球員互換」。單單是一名球員的轉會，已經非常複雜，令人頭昏眼花。因為實在牽涉太多利益集團，如果硬生生把

另一球員作為籌碼，這宗轉會根本不可能成事。因此，所謂的「球員互換」，其實是各自獨立發生，沒有誰是誰的「籌碼」之說。

**買球員為了刺激球衣銷售？**

簡單是天方夜譚的說法。球隊本來已跟球衣生產商簽下贊助合約，每年會獲得若干收入，例如曼聯每年從 Adidas 得到 7500 萬鎊，切爾西從 Nike 得到 6000 萬鎊等。豪門一般可從每年球衣獲得 10% 至 15% 的分成。換言之，每件球衣的收益，大部分是到了球衣生產商手中。

**球隊為何不自行生產球衣？**

這不是他們擅長的東西。再者，他們在全球沒有足夠的銷售點，還有其他製造成本，風險極高。而且，外判是大企業最常用的招數，很多豪門已把網店、社交平台等交給外面的公司經營。

（2018 年 3 月）

# 鮮爲人知的全能足球推手

　　1995/96 賽季，青春風暴的阿賈克斯一舉殺
進歐冠王者之戰，帶起了一群荷蘭新星，可說是
全能足球的「二次崛起」；21 年後，平均年齡只
有 21 歲的阿賈克斯，在歐洲聯賽決賽不敵曼聯，
屈居亞軍，由雙冠王變成「雙亞王」。當然，今日
的荷蘭足球難以稱為全能足球，但名震一時的全
能足球，始於荷蘭，始於克魯伊夫（Johannes
Cruyff）和全能足球之父 Rinus Michels。

　　上世紀七十年代，阿賈克斯藉著「全能足球」
掀起風暴，席捲歐洲，甚至由荷蘭國家隊帶到世
界盃，影響力無遠弗屆，全場逼迫、進攻侵略、
智慧踢球、技術全面，彷彿植入了荷蘭足球的
DNA。有趣地，追古朔古，始作俑者卻是阿賈克
斯的兩名英籍主帥。

　　年輕一輩未必認識他，他的名字叫 Jack
Reynolds，生於英國曼徹斯特。Reynolds 的球
員時代平平無奇，乏善可陳，掛靴後執起教鞭卻
綻放出另一番光芒。由 1915 至 1925 年、1928
至 1940 年，以及 1945 至 1947 年，他合共三度
出任阿賈克斯的總教練，加起來總共 24 年。彼

時，荷蘭不過是歐洲足球小國，戰術大落後，五十年代匈牙利球隊已經出現「影子前鋒」，巴西也採用打四二四陣式，義大利足球更發明了「連鎖防守」（Cantenaccio）。

不過，荷蘭足球大部份主帥仍然沿用前阿森納主帥 Herbert Chapman 使用的 WM 陣式，一種只攻不守的三十年代戰術。Reynolds 入主後先為球隊建立青訓系統，讓不同年齡的小球員集中一起，接受一樣的戰術訓練，從中傳授心法。「進攻就是最佳防守。」這是他的執教宗旨，並嚴格要求球員必須練好，控、盤、傳等技術，學習利用球場闊度，如何在前場圍搶皮球等等，可說是全能足球的基本法。

Reynolds 之後，另一個英國人 Vic Buckingham 來到阿賈克斯，任教短短 3 年，但最大的功勞是推展了同胞的哲學，深信這種足球比起亂衝亂撞的英式足球更優秀，控球（Possession）才是王道。尚沒說完，Buckingham 的貢獻很大，但沒多少人知道，1964 年起用當時年僅 17 歲的黃毛小子克魯伊

夫。千馬里遇上伯樂，克魯伊夫離世前一直把 Buckingham 視為恩師，直至 1965 年離隊，帥位由 Michels 取代。

　　前人種樹後人乘涼，Michels 和克魯伊夫把兩位英國人留下來的東西發揚光大，威揚四海，七十年代的「曇花一現」，瞬間光輝卻留永遠。全能足球的面貌改變了，精神不死，並延續到今天的巴薩和西班牙。事實是巴薩的根基，Buckingham 也該被銘記，因為他在阿賈克斯的成績吸引了巴薩，1969 年至 1971 年空降諾坎普，繼承人同樣是 Michels。Michels 在 1973 年把克魯伊夫帶到浪漫的巴薩，克魯伊夫則在 1988 至 1996 年出任總教練，確立全能足球的底氣。

（2017 年 6 月）

蘭帕德榮光退役
鐵人精神誰傳承？

切爾西主場對陣斯旺西，半場休息時，球迷赫然看見熟悉的身影，特別嘉賓蘭帕德（Frank Lampard）步進史丹佛橋球場，正式話別。「前幾個賽季，我沒有機會跟你們說聲再見，希望借這次機會，感謝你們每一個。每次回到這兒，每一個深刻的畫面都會重現在腦海，揮之不去，衷心說句，假如沒有你們，切爾西再強大也是沒意義的。」情難捨、人難留，今朝一別各西東，鐵人啊，我們永遠祝福你！

2016 年年底，38 歲高齡的蘭帕德離開美職聯的紐約城，回復自由身，掙扎應否繼續球員生涯，終在今年 2 月決定高掛球靴，為漫長的 21 年足球事業劃上圓滿的句號。前切爾西隊友、現任隊長泰瑞（John Terry）發表感人言論：「你是永遠是切爾西的傳奇，有幸與你出生入死，記憶刻骨銘心。記得你每天堅持跑幾公里鍛煉體能，當年在更衣室，當隊友全部離開之後，你仍然繼續練習射門，刻己勤奮，絕對是青年球員的榜樣。」

西漢姆出身的蘭帕德來自足球世家，簽下首份職業合同時，總教練是舅舅 Harry Redknapp，父親是時任助教，但有別於其他「球員二代」，由

出道至今也沒受過裙帶關係的流言蜚語影響，正正是因為他比任何人都勤力。未滿 18 歲，蘭帕德已經穿起一線隊的球衣，鋒芒乍露，2001 年被當時的「八國聯軍」切爾西相中，遂以 1100 萬鎊轉會費成交，由倫敦東部轉到西部。

眨眨眼，效力藍軍長達 13 年，蘭帕德見證了王朝誕生，奪得 3 次英超、 4 次足總盃、2 次聯賽盃和 1 次歐冠聯錦標，鐵人形象深入民心。由 2001 年 10 月至 2005 年 12 月，他從未缺席過一場聯賽，驚人地連續披甲 164 場，又在 2006/07 賽季在各項賽事上陣 62 場，要知道英超比賽對抗性強烈，既要保持超強身體素質，亦要盡可能避免受傷和停賽，少一點鬥志也想偷偷懶，寧可「享受」人生，勿被工作折騰。

新一代人或對「高出勤率」嗤之以鼻，但上一代人始終覺得這是美德，推崇備至。「他看上去有點缺陷，可能沒有得到上帝賦予的天賦，但他努力做到天下無雙。」前切爾西總教練穆里尼奧（Jose Mourinho）對當時的副隊長只讚不貶，甚至戲謔就算給他 Ronaldinho、Kaka 或 Andriy Shevchenko，也決不用蘭帕德去交換。

　　他沒有以一敵三的腳法，他沒有超快的速度，他沒有高調的性格，但他有的是實而不華的踢法，傳球、攔截、射門、對抗都沒有明顯弱點，儼如一個腳踏實地按時打卡的打工仔，從不停刻苦訓練，看上去跟你我他一樣平凡。「我不會做愚蠢的攔截，不會作出多餘的動作。」這是他分享長期出勤的秘訣。傳奇之所以是傳奇，那就是平凡中盡見不平凡，尤其是他擁有非一般的射術，對比前鋒也毫不遜色。

　　擅長後上射門的蘭帕德曾經連續五個賽季總進球超過 20 球，遠距離重炮令人拍案叫絕，目前仍然以 41 個進球成為英超禁區外進球最多球員，又以 177 個進球排成為英超史上中場進球王，更以 211 個進球成為切爾西隊史進球之王。雖然他曾經拿過英格蘭足球先生等個人榮譽，但距離國際性獎項卻是這麼近、那麼遠，皆因 2005 年高光賽季，不幸碰上大熟大勇的巴西巨星 Ronaldinho，導致金球獎屈居亞軍。諷刺地，努力最終擊敗了天賦，蘭帕德於 2014 年離開史丹佛橋時，仍稱得上是英超一流中場，反而小羅的事業早早走下坡，這是人定勝天的啟示嗎？

他的球商很高，相信是來自他的高智商。2009年，切爾西進行了一次隊內智商( IQ )測試，出人意料的報告是，Terry躋身三甲，但都不及榜首蘭帕德。在這次測試，他的IQ指數超過150，冠絕全隊，比他更聰明的全部是世紀偉人，如160的科學家愛因斯坦和微軟創辦人蓋茨，還有165的音樂家貝多芬。這個測試有沒有幸運成份？他在英國GCSE公開考試，報考了12個科目，拉丁文考試獲得A*，難怪在激烈的比賽上，他的情緒甚少高低起伏，也甚少作出魯莽過激的行為。

如果讀者打算更加深入了解鐵人一生，2006年出版的自傳《徹底剖白》( Totally Frank )，值得大家買回來品味細嚼，在此也分享其中一段小故事。話說「特別的人」穆里尼奧於2004年入主不久，蘭帕德就深信自己的命運即將改變，並寫道：「在我們的人生，你很少覺得某一個人會改寫你的一生，但碰到穆里尼奧之後，這種感覺非常強烈，令我深信不疑。」

在某一次練習結束之後，蘭帕德又是最後一個離開更衣室時的人，當時已經洗完澡，準備穿上衣服離開。霍然，總教練閃出來阻住他的去路，

四眼交投，雙方都不敢輕率劃破沉默，但煞有介事的穆里尼奧，卻用凌厲的眼神盯著他。

「有事找我嗎，教練？」一絲不掛的蘭帕德按捺不住，反問葡萄牙人。「你是世界上最優秀的球員。」穆里尼奧眼睛一眨也不眨回應。

蘭帕德一臉茫然，來不及回應，只感到全身赤裸，有點不自在。葡萄牙人擲地有聲再說：「你，就是世界上最優秀的球員。」

「感謝，教練。」

「聽我說，Deco（葡萄牙中場）一年前已經非常出色，現在他角逐歐洲年度最佳球員獎項，你認為是甚麼原因？他還是一年前那個球員，但已同波圖贏得歐冠，證明自己是最佳球員之一。我告訴你，你和 Zidane、Vieira 和 Deco 一樣不分伯仲，現在最需要是用冠軍證明你的實力，那麼，你就是世界最佳球員，明白嗎？」

「明白，教練。」蘭帕德顯得有點尷尬，那一刻只想盡快離開更衣室。

回想起來，他明白穆里尼奧無非是想增加他的自信，把他提升到另一個高度。離開球場之後，

他拿起手機馬上向母親談到這事，一字一句說出來，但他的母親只是冷冷回應。

　　切爾西相隔 50 年再奪頂級聯賽冠軍，客場打敗博爾頓，兩個進球都來自他；球隊登頂歐冠，他是場上隊長。藍軍再起，每一個歷史時刻都與他有關，蘭帕德在英超累積上陣 609 場，僅次前曼聯翼鋒 Giggs 和現役埃弗頓中場 Gareth Barry，巔峰時期與利物浦神奇隊長 Steven Gerrard 互相輝映。雙德中場無法共存抑或威力無窮？雙德中場究竟哪一個實力更勝一籌？10 多年，雙德爭議一度是英格蘭足壇常見的熱話。

　　自從 1999 年首次入選英格蘭，蘭帕德代表國家隊 106 次，直至 2014 年世界盃後退出國際舞台可惜與 Gerrard 貌合神離，二人獨當一面，合作時總是互相拖累，無法擦出新火花，沒能達到「1+1＞2」的效果。三獅軍團在國際賽的失色，也許是鐵人生涯美中不足的小塵埃。

　　最後，以下這段逸事正好反映他的處事成功之道。當時蘭帕德為百事可樂拍攝電視廣告，由不懂足球的美國導演操刀，同場球星包括當時效力巴薩的小羅和 Thierry Henry，前者出場前表

演了插花舞步，後者玩了一段極速疾走。輪到鐵人登場，導演說：「好吧，拿出你的必殺技吧！」

「你想我表演鏟球抑或遠射？」他的問題令導演一時間不知如何回答，但他也盡可能「弄斧班門」一下。

蘭帕德深明自己沒有所謂巨星級的絕活，花哨的盤扭動作，只知道不斷練好的自己的基本功，就像當年爸爸嚴格要求他在正確的方式踢球，兩父子在花園正確地練習，做好每一個細節。「當我還是小孩的時候，就渴望接觸到遙不可及的地方。一切都沒變過。」時代不同了，很多人未走先跑，忽略了基本功的重要性，幸好就如自傳中這一句，他還是沒忘初心。

（2017 年 3 月）

國家圖書館出版品預行編目資料

風再起時--迪比派路作品集 / 迪比派路著　－初版－
臺中市：天空數位圖書　2021.11
面：14.8*21 公分
ISBN：978-986-5575-68-7（平裝）
528.95107　　　　　　　　　　　　110018641

書　　　名：風再起時－迪比派路作品集
發 行 人：蔡秀美
出 版 者：天空數位圖書有限公司
作　　者：迪比派路
編輯公司：非常漫活有限公司
封面設計：Jackie
拍　　攝：野人大師
模 特 兒：瑋庭、親親
美工設計：設計組
版面編輯：採編組
出版日期：2021 年 11 月（初版）
銀行名稱：合作金庫銀行南台中分行
銀行帳戶：天空數位圖書有限公司
銀行帳號：006－－1070717811498
郵政帳戶：天空數位圖書有限公司
劃撥帳號：22670142
定　　價：新台幣 470 元整
電子書發明專利第　Ｉ　306564 號
※　如有缺頁、破損等請寄回更換

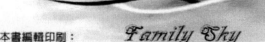

紙本書編輯印刷：
電子書編輯製作：
天空數位圖書公司　E-mail：familysky@familysky.com.tw　http://www.familysky.com.tw/
地址：40255台中市南區忠明南路787號30F國王大樓　Tel：04-22623893　Fax：04-22623863